O Mito

Coleção Debates
Dirigida por J. Guinsburg

Equipe de realização – Tradução: Esther Eva Horivitz de BeerMann; Revisão de texto: Sérgio Salvia Coelho; Revisão de provas: Cristina Ayumi Futida; Produção: Ricardo W. Neves e Sergio Kon.

k. k. ruthven
O MITO

Título do original inglês
Myth

Copyright © 1976 by K. K. Ruthven

CIP-BRASIL. CATALOGAÇÃO-NA-FONTE
SINDICATO NACIONAL DOS EDITORES DE LIVROS, RJ

R94m

    Ruthven, K. K.
        O mito / K. K. Ruthven ; tradução de Esther Eva Horivitz. - São Paulo : Perspectiva, 2010.
        il.-(Debates ; 270)

        Tradução de: Myth
        Inclui bibliografia
        ISBN 978-85-273-0116-9

    1. Mito na literatura. 2. Mitologia. I. Título. II. Série.

10-4057.   CDD: 201.3
                                                        CDU: 2-264

16.08.10   24.08.10   021002

1ª edição – 2ª reimpressão
[PPD]

Direitos reservados em língua portuguesa à

EDITORA PERSPECTIVA LTDA

Av. Brigadeiro Luís Antônio, 3025
01401-000 São Paulo SP Brasil
Telefax: (11) 3885-8388
www.editoraperspectiva.com.br

2019

Para Simon, Guy e Patrick

SUMÁRIO

INTRODUÇÃO 13

1. OS MITOS E OS TEORISTAS 17
   O Evemerismo 17
   Os Mitos Considerados como Ciências Naturais . . 23
   As Interpretações Psicológicas 30
   A Didática Moral 38
   Os Jogos da Linguagem 44
   Mitos e Ritos 49
   As Interpretações Estruturalistas 53

2. MITOS E ESCRITORES 59
   A Mitologia como Herança 59

O Iluminismo e a "Demitologização" 63
Sobrevivências e Revivificações 78
Novas Mitologias 83

3. MITOS E CRÍTICOS 91

Temática 91
A Crítica dos Mitos 92

POSFÁCIO 103
BIBLIOGRAFIA 107

INTRODUÇÃO

O que é mito? "Sei muito bem o que é, desde que ninguém me pergunte; mas quando me pedem uma definição, fico perplexo." Assim escreveu Santo Agostinho em suas *Confissões* (xi. 14), abraçando a difícil causa de apreender essa categoria esquiva chamada tempo, e descrevendo a aflição de toda pessoa obrigada a dar uma definição curta e inclusiva do mito. Na realidade, a própria pergunta está errada, porque não temos experiência direta do mito em si, mas somente de determinados mitos: e estes – como veremos – têm origem obscura, forma protéica e significado ambíguo. Aparentemente, são imunes à explicação racional, mas estimulam as pesquisas racionais; existe uma grande diversidade de interpretações contraditórias, e nenhuma delas possui o alcance suficiente para explicar definitivamente o que é mito. Os mitos têm uma qualidade que Wallace Stevens atribuiu à poesia, num aforismo meticulosamente evasivo: conseguem resistir à inteligência. Por isso, eles atraem os sistematizadores. Estes nos tranqüilizam, afirmando que o imenso labirinto não deixa de ter a sua planta, porque o mito nada mais é que ciência primitiva, ou história, ou personificação de fantasias do inconsciente, ou ainda algum outro "solvente" atualmente na graça dos sistematizadores. Freqüentemente, as evidências aduzidas para sustentar cada asserção são convincentes, ao afirmar que certos mitos devem ter surgido exatamente como descreve o sistematizador: sem dúvida, sua chave-mestra serve para algum tipo de fechadura. Acontece que os sistematizadores não se contentam apenas em contribuir com mais uma mitogonia para o estoque já existente, ou em aspirar à condição de tolerância pluralista defendida por Melville e Frances Herskovits (1958, p. 121); muito pelo contrário, eles se propõem descobrir a sua própria monomitogonia inclusiva, um tipo de chave universal para todas as mitologias. George Eliot caricaturou essa mentalidade na pessoa de Casaubon em *Middlemarch* (1871-1872). No entanto, desdenhá-la pela sua simplicidade seria um erro, porque todo sistematizador é inventor de uma dessas possibilidades que agora constituem nossa seleção. Eles encaram a questão de forma decididamente monística (estão sempre propensos ao sofisma *pars pro toto*, – a hipóstase que transforma o método num absoluto – e a outros erros de lógica que aparecem em manuais de ensino) e evitam olhar para as exceções e anomalias que chamarão a atenção do próximo pesquisador, ou do seguinte. Contudo, seus discernimentos iniciais são geniais.

As mitogonias são inventadas por aqueles que se recusam a admitir o ponto de vista de Malinowski: os mitos significam – simplesmente – o que dizem (1926, p. 79). Pelo contrário, os mitôgonos costumam assumir que um mito encerra um significado "real" sob seu significado aparente. Desconhecem a possibilidade de um relato ter significados úteis diferentes dos intencionalmente dados pelo narrador; consideram o significado planejado como sendo o significado real, decifrável somente através de seu método. Eles também não têm muito tempo para considerar o ponto de vista simplista, segundo o qual os mitos foram criados para maravilhar. Os mitôgonos – como os exegetas poundianos – sentem-se muito mais à vontade sondando o inescrutável. O real significado de um mito – afirmam eles – talvez tenha se perdido acidentalmente através dos acasos da transmissão oral; ou pode ter sido oculto deliberadamente pelos fazedores de mitos, que relutaram em dizer tudo o que sabiam; ou ainda, pode ter sido adulterado pelos revisionistas políticos ou religiosos. Estes últimos produzem o que Robert Graves denominou versões "mitotrópicas" de relatos cuja significação original era bastante diferente (1961, p. 219). Sempre alertas a essas possibilidades, eles penetram as profundezas ocultas, com a esperança (como todos os mergulhadores em águas profundas) de evitar as alucinações causadas pela narcose.

Voltaire opinava que o estudo dos mitos é uma ocupação para estúpidos. Então, aqueles que se dedicam a estudar o estudo dos mitos – como o faço aqui – deveriam temer a definição precisa que Voltaire daria para esta tarefa. Devemos ser capazes de avaliar o campo com magistral arrogância, e compilar um apêndice mitográfico para o *Faithful Catalogue of Our Most Eminent Ninnies* (*Fiel Catálogo dos Nossos Tolos mais Eminentes*), pelo Conde de Dorset (1683)? Ou será suficiente demonstrar uma estupidez superlativa, aceitando a incumbência de tão inútil pesquisa? Esperamos que nada disso seja necessário. A mitologia é um assunto por direito nato, apesar de não ser reconhecida como tal pelo nosso sistema educacional. Ninguém é formado em Mitologia. Ela faz parte de um campo que engloba uma variedade de ramos de conhecimento e disciplinas: os clássicos, a antropologia, o folclore, a história das religiões, a lingüística, a psicologia e a história da arte. Cada um vê a mitologia à luz de suas próprias preocupações, isto é, um leigo curioso passando promiscuamente de um para outro chegará à conclusão de que os vários especialistas não falam do mesmo assunto, mas de coisas diferentes, sob o mesmo nome. Somente catalogar os matizes da palavra "mito" e dos seus cognatos (*mythos, mythus, mytologem* etc.) já seria uma tarefa muito complicada: apesar de White (1972) ter feito uma tentativa válida de produzir definições aproveitáveis de alguns desses vocábulos – em benefício dos críticos literários – é pouco provável que os outros respeitem suas distinções, porque as pessoas que se dedicam aos estudos literários não gostam de ver sua terminologia apurada como se fosse um sistema decimal. Não pretendo aqui considerar a autonomia da mitologia (sob qualquer forma que tenha sido pensada sua existência), nem conciliar as diversas teorias atinentes. Minha intenção consiste em oferecer uma vista parcial de um tema vasto e amorfo e tratar a mitologia como sendo importante, fundamentalmente, em virtude de sua ligação com a literatura. Este livro será de utilidade para aqueles que estão mais familiarizados com a literatura inglesa do que com qualquer outra literatura, embora reconheçam que – devido ao fato da literatura inglesa ser feita por pessoas que lêem outras literaturas e absorvem idéias de uma variedade de disciplinas – às vezes é necessário olhar para muito longe a fim de entender o que acontece em casa.

Mas chega de tudo isso. Deixemo-nos guiar pela observação um tanto frívola de J. A. Symonds: os mitos são "eternamente elásticos" (1890, p. 147), e vejamos algumas das teorias mais importantes relativas à sua natureza e origem. Não podemos esquecer que em algumas épocas, quase todas elas pareciam tão plausíveis, que chegaram a influenciar a maneira pela qual os escritores trataram os mitos em seus poemas, peças e romances. Assim, seja qual for o seu valor intrínseco, essas teorias merecem a nossa atenção, pelo fato de terem deixado marcas indeléveis na literatura inglesa.

1. OS MITOS E OS TEORISTAS

O Evemerismo

No século IV a.C., um siciliano de nome Evêmero escreveu uma *História Sagrada*, onde descreve uma visita a uma ilha imaginária chamada Panchaea, em algum ponto do Oceano Índico. Ali ele soube – através duma inscrição na parte interna do Templo de Zeus – que Zeus nasceu na Creta, viajou pelo Oriente e foi proclamado deus, antes de voltar para a sua terra, onde morreu. O romance de Evêmero não sobreviveu em sua forma original, nem na tradução para o latim feita por Ênio; o relato por outro autor siciliano – Diodoro Siculus, do século I a.C. – também desapareceu. O que se sabe sobre Evêmero provêm em sua maior parte da *Historia Ecclesiastica* completada por Eusébio no começo do século IV d.C. As tentativas de reconstrução das intenções originais de Evêmero têm de ser realizadas a dois graus de afastamento do que ele realmente escreveu (Eusébio citando Diodoro que por sua vez cita Evêmero). As conjeturas contraditórias são inevitáveis. Evêmero estaria sendo satírico – à custa das experiências de Alexandre Magno na Índia – e recomendava cinicamente a autodeificação como um meio para fins políticos? Ou teria sido ele o Voltaire ou o Fontenelle de sua época, o homem responsabilizado por Plutarco pela "disseminação do ateísmo no mundo inteiro" (Moralia, 360 A)? De qualquer forma, assume-se que ele tenha escrito ironicamente, porque a possibilidade de Evêmero ter intentado estimular a adoração dos imperadores mediante o estabelecimento de um precedente ilustre não é bem aceita pelos leitores, que sem dúvida prefeririam uma *História Sagrada* iconoclasta, a uma imperialista. No entanto, quaisquer que tenham sido as suas intenções, Evêmero ganhou a reputação de subversor de religiões pagãs e fundador da antropologia moderna.

O cristianismo emergente aprazeu-se em explorar as controvertidas possibilidades da revelação de Evêmero – que o deus supremo dos pagãos tinha sido humano, humano demais – e foi desenvolvendo o que Kees Bolle denomina *euhemerismus inversus* (evemerismo inverso) (1970, p. 23), que difere do tipo anterior por ser totalmente pejorativo. Para um cristão do século II, como Clemente de Alexandria, o testemunho de Evêmero foi devastadoramente conclusivo: "Outrora, os deuses que vocês adoram hoje eram homens", ele disse em sua *Exhortation to the Heathen* (iv) (*Exortação ao Pagão*), como se más notícias desse tipo pudessem provocar uma deserção maciça para o cristianismo. Contudo, os pagãos estavam habituados a relações muito mais fortuitas entre os humanos e o divino, do que os cristãos podiam imaginar. Para eles, a apoteose não significava uma blasfêmia, mas uma possibilidade – reconhecidamente remota, porém possível – e portanto um incentivo para os esforços filantrópicos. Os deuses eram benfeitores cujas dádivas tinham tornado possível a civilização, na opinião de Prodicus de Ceos (século V a.C.), que observou a associação do pão com Deméter, e do vinho com Dionísio; dois mil anos mais tarde, ainda colecionavam-se caridades divinas, na época em que Polidoro Virgílio escreveu seu *De Rerum*

Inventoribus (Veneza, 1499), para grande deleite de John Donne. Este autor admoesta os pagãos – em *The Second Anniversary* (*O Segundo Aniversário*) (1612), por sua lamentável falta de discernimento ao fabricarem deuses a partir da "malária... e da guerra", e também com gêneros tão caseiros como "vinho e milho e cebolas" (linhas 425-428). Hércules, Esculápio, Castor e Pólux começaram suas vidas como mortais, segundo admite Cícero de bom grado (*De Natura Deorum*, ii. 24); Júlio César foi proclamado um deus do Estado Romano após ter sido assassinado, em 44 a.C.

Clemente estava muito propenso a acreditar que todo o panteão pagão tivesse sido recrutado dessa maneira. Como era lógico, os primeiros cristãos ficaram horrorizados pela natureza politeísta e idolátrica das religiões pagãs. O Senhor seu Deus era um deus ciumento, detestava os sindicatos. "Não tereis outros deuses perante mim", ele determinou, instruindo os fiéis para que matassem todos seus familiares próximos que idolatravam deuses estranhos (Deuteronômio, 13:6-10); e um trecho do apócrifo *Livro da Sabedoria* (14:15-21) adverte quão terrivelmente fácil é cometer pecado espiritual, mesmo com a melhor das intenções. Por isso, talvez, tenha sido inevitável o fato de os polemistas da Reforma – à procura de propaganda contra as egrégias imposturas papistas – utilizarem argumentos evemerísticos ao acusar os católicos romanos de terem ressuscitado o paganismo mediante a prática da idolatria. E muito mais tarde, no século dezoito, Nicolas Fréret foi enérgico ao chamar a atenção para a persistência, entre os mitógrafos protestantes, de uma ligação insidiosa do evemerismo com o anticatolicismo (Manuel, 1963, p. 96). Ainda mais tarde, e de modo igualmente discutível, o evemerismo motivaria a teoria de Herbert Spencer: "a adoração dos antepassados é a raiz de todas as religiões" (*The Principles of Sociology* [*Os Fundamentos da Sociologia*] [Londres, 1882], i. 440).

Os evemeristas cuja tendência era declaradamente mais histórica do que teológica colocaram um conjunto de questões bastante diferente, a fim de refutar os dados da mitologia pagã. O evemerismo incorporou o que Fontenrose denomina "palaifatismo" (1971, p. 23), de Palaifatus, que tentou – em *De Incredibilibus* (século IV a.C.) – transformar eventos míticos em acontecimentos possíveis, e espalhou a conhecida história segundo a qual Acteão não foi devorado pelos seus cães de caça, mas pelas dívidas contraídas em conseqüência de caçadas extravagantes. Quando o princípio é aceito, as lendas se tornam histórias, e a possibilidade de um entomologista ser chamado para testemunhar a identidade de Little Miss Muffet *"who sat in a tuffet"** – que seria a melindrosa filha de Thomas Moufet, autor de *The Theatre of Insects* (*O Teatro dos Insetos*) (Londres, 1658) – é só uma questão de tempo. Admitindo que Zeus e os demais já tenham sido mortais numa época anterior, cabia a um historiador evemerista determinar as datas em que eles teriam vivido, com a esperança de ver todos os episódios importantes arquivados na mitologia pagã, finalmente incluídos na história hebréia – então aceita como o eixo da cronologia mundial. À medida que a cronologia da antigüidade ia se tornando mais refinada, faziam-se esforços cada vez mais fantásticos para vincular datas exatas com os episódios preservados nos mitos, às vezes mediante evidências internas, como por exemplo a referência a um evento astronômico localizável no tempo: a ocorrência de um cometa, ou de um eclipse. A utilização da datação astronômica como método de retificação da cronologia do mundo com base na evidência literária foi defendida por Joseph Justice Scaliger em seu livro *De Emendatione Temporum* (Paris, 1583), e o exemplo inglês mais notório no gênero é a obra de Isaac Newton, *Chronology of the Ancient Kingdoms Emended* (*Cronologia Corrigida dos Reinos Antigos*) (Londres, 1728), que se propõe preservar a prioridade da civilização hebraica, demonstrando que os gregos exageraram muito a antigüidade das suas tradições. Os evemeristas que acreditavam que Ceres tinha sido deificada por ter ensinado o cultivo dos cereais aos gregos agradecidos inteiravam-se agora de que este evento tinha acontecido em 1030 a.C. Perseu salvou Andrômeda no ano de 1005; Teseu matou o Minotauro

---

* Rima de poesia infantil inglesa. (N. da T.)

em 968; Hélia afogou-se no Helesponto ("que recebeu o seu nome") em 962; Prometeu foi libertado em 937.

O fato dos povos fazerem a história criando primeiro os mitos pareceu axiomático a Niccolo Machiavelli – após ter analisado as lutas pelo poder entre os antigos romanos – e os princípios básicos de tais empreendimentos foram reafirmados na ideologia nazista criada por Alfred Rosenberg em *Der Mythus des 20 Jahrhunderts* (*O Mito do Século XX*) (Munique, 1930). Apesar de totalitário, o conceito não é especialmente moderno, na medida em que os mitos de Platão vinham subordinar os indivíduos aos desejos do Estado, e Aristóteles acreditava que esta fosse realmente a finalidade dos mitos *Metafísica*, xi. 8. Então, é tão surpreendente que Francis Bacon tenha aprendido uma lição de tática contra-revolucionária estudando a forma pela qual Júpiter recuperou o controle sobre Tífom, com a ajuda de Mercúrio (*The Wisdom of the Ancients*) (*A Sabedoria dos Antigos*) (1619, cap. 2)? O grau de politização do mito é particularmente notável na criação das fábulas etnográficas; através delas, os ambiciosos da política podem declarar-se herdeiros da antigüidade. Um exemplo característico é a importância do legendário Enéias para o imperador Augusto, assim como o mito merovíngio segundo o qual Francus, o troiano, é o herói epônimo dos francos. A historiografia durante o reinado dos Tudor – tal como ela foi reconstruída por Greenlaw – contém rico material literário e também uma demonstração clássica do método, dado que Henrique VII foi o primeiro a explorar as origens britânicas da família galesa Tudor, como se percebe pela leitura da fabulosa *Historia Regum Britanniae*, de Geoffrey de Monmouth, escrita no século XII. Duas questões não resolvidas a respeito da Grã-Bretanha – a profecia feita por Merlin de que o Rei Artur acabaria voltando para livrar a Bretanha dos seus inimigos, e a lenda segundo a qual o país iria sobreviver às invasões para ser governado novamente, e para sempre, por um monarca britânico – mostram o caminho para um homem imaginativo com ambições imperiais: assim, Henrique batizou seu filho primogênito com o nome de Artur, e contratou os serviços de um genealogista mendaz (André de Toulouse), para que delineasse a sua estirpe até o último rei britânico (Cadwallader), ao troiano Brutus – supostamente bisneto de Enéias, que estabeleceu eponimicamente os brutos britânicos em Álbion (Isidoro adverte que provavelmente os bretões receberam esse nome por serem estúpidos [*bruti*]: *Etymologiae*, ix. 1). *The Faerie Queene* (1590-1596) exalta grandiosamente – em nome da rainha Elizabeth – esta fantasia dinástica dos Tudor, tratada de modo muito mais prosaico em *Albion's England* (*A Inglaterra de Álbion*) (1586) de William Warner e nas *England's Heroical Epistles* (*Epístolas Heróicas da Inglaterra*) (1597) de Michael Drayton; outrossim, estudos da autoria de E. C. Wilson revelam a diligência dos mitógrafos imperiais na criação de imagens para o culto de Elizabeth (como Astréia, Diana, Pandora etc.). Elas poderiam proporcionar um ponto de convergência e um estímulo para a veneração da Imperatriz. Mais tarde, quando Elizabeth já estava morta e o seguinte *Arturius Redivivus*, Jaime I, reivindicou um Direito Divino dos Reis, que o colocava acima do direito comum do país, foi conveniente (como mostra Brinkley) substituir o que Milton denominou "a pretensão troiana" da história britânica galfrediana por um novo mito parlamentarista da liberdade constitucional como manifesto, no legado saxão da Carta Magna.

Assim como um mito pode ser tornado histórico, a história também é passível de mitificação por parte daqueles que possuem o talento faulkneriano que sublima o real no apócrifo. Adotando a terminologia de Peter Munz (1956), a incursão do mito na história complementa-se pela invasão do âmbito dos mitos pela história, porque ambos os processos tentam evadir a inefabilidade dos eventos isolados: por compreender que o realmente acontecido (*res gestae*) é conhecível somente através de um relato do que aconteceu (*historia rerum gestarum*), o historiador torna-se uma espécie de fazedor de mitos contra a sua vontade. As tentativas de dissociar o Jesus Cristo histórico da mitologia messiânica na qual ele se apresenta a nós serão tão inconseqüentes quanto possíveis pesquisas sobre a origem histórica de Robin Hood. No entanto, se alguns mitos contêm algo de história – e isto só poderia ser colocado em discussão por um ritualista como Raglan (1936) – qual é exatamente o tipo de história? Talvez seja o que Michael Grant chamou de "para-história"; aquela que registra "não o que aconteceu, mas o que as pessoas, em diferentes épocas, diziam ou acreditavam ter acontecido" (1971, p. xviii). A mitologia romana, na interpretação de Grant, contém uma para-história de Roma; e "para se ter uma idéia de uma civilização", ele acrescenta, "a para-história é tão necessária quanto a história".

Os Mitos Considerados como Ciências Naturais

Uma alternativa para o evemerismo consiste em assumir que os mitos são alegorias dos fenômenos do universo que nos rodeia: os mitos não são história, são história natural. "Todas as metamorfoses constituem a física da antigüidade", escreveu Fontenelle, ecoando o comentário de Cícero de que "essas fábulas ímpias preservavam uma teoria científica decididamente engenhosa". (*De Natura Deorum*, ii. 24). Como isso foi possível? Essencialmente, porque na época de Cícero, os nomes dos deuses eram associados – astronômica e astrologicamente – havia muito tempo, com os nomes dos planetas e das constelações zodiacais; e geofisicamente, com os nomes dos metais e dos quatro elementos que, segundo se assumia, constituíam o mundo. Deve ter sido muito tentador fazer um retrospecto dos mitos gregos à luz de desenvolvimentos posteriores, e imaginar que tivessem sido inventados a princípio por astrólogos primitivos, ou alquimistas, ou outras autoridades em assuntos arcanos. Os cristãos podiam intrometer-se na mitologia pagã, desde que lembrassem (como o fez Sir Walter Ralegh) que na realidade, os nomes dos deuses pagãos são os nomes dos "poderes naturais e divinos" que Deus distribuiu no mundo para o nosso bem comum (*The History of the World* [*A História do Mundo*], 1614, i. 6).

Ninguém podia duvidar do potencial imaginativo de tamanha confusão analógica. Ela permitia aos escritores e artistas enriquecerem as suas obras com alusões mitológicas estimuladas por um dos muitos objetos que gozavam de uma posição privilegiada por serem símbolos situados em algum ponto da rede. Até mesmo algo tão rudimentar como o desfile dos meses no *Mutability Cantos* de Spenser ilustra isso. Marte entra montando um carneiro ("O mesmo que nadou sobre o Helesponto"), seguido de Abril que vem montando o mesmo touro que guiou a Europa flutuando através das enchentes argólicas (vii. 32 e s.); e quando a "encantadora donzela" que acompanha Augusto mostra ser não apenas a representação de Virgem mas (segundo Aratus) Astréia, deusa da Justiça na Idade de Ouro e imagem de veneração da Rainha Elizabeth, entrevemos diversas analogias no processo de entrosamento entre elas, para formar cuidadosamente novas construções.

A George Sandys pareceu óbvio que o relato de Ovídio sobre o adultério de Vênus com Marte (*As Metamorfoses*, iv) fizessem mais sentido, no sentido astrológico, como um encontro do "quente" Marte com a "moderada e úmida Vênus". O caso de amor de Pasiphae com um touro não pode ser classificado como uma das curiosidades da *pychopathia sexualis*, se o touro for realmente Taurus: Pasiphae só pode ser culpada de ter-se apaixonado pela astrologia, segundo escreve Robert Greene (*Planetomaquia* [Londres, 1585], p. 22). De acordo a alusões similares no comentário de Marsilio Ficino sobre o *Banquete* de Platão, Nesca Robb sugeriu que a finalidade do ângulo no qual estão deitados os amantes, na pintura de Vênus e Marte de Botticelli (na National Gallery) consiste em representar os aspectos sextil e trígono de sua conjunção astrológica (Gombrich, 1945, p. 46 e ss.). Endimião foi apenas um dedicado observador da lua, como supõem Robert Greene e um comentador de Apolônio de Rodes? De fato, os panbabilonistas e os mitólogos solares têm uma posição importante nos anais da especulação mitológica. Podemos mencionar, por exemplo, de Jacob Bryant, o *New System... of Ancient Mythology* (*Novo Sistema... da Mitologia Antiga*) (Londres, 1774-1776), um livro que interessou a Blake e Coleridge, e que se propõe demonstrar que a adoração do sol é a chave de toda a mitologia pagã. Ou a demonstração de Charles François Dupuis, em *Origine de Tous les Cultes* (*Origem de Todos os Cultos*) (Paris, 1794), de que o zodíaco é a matriz de todas as mitologias, com as Doze Tarefas de Hércules denotando "realidades astronômicas", à medida que o sol avança através do calendário zodiacal (o sol entra em Leão no momento em que Hércules mata o leão nemeu etc.).

O planeta Terra atraía a atenção dos mitólogos. Já no século VI a.C., Teágenes de Régio achava que os mitos pagãos devem ser entendidos como alegorias de processos naturais na Terra. Talvez desconcertado pelos relatos homéricos sobre disputas no Monte Olimpo, Teágenes concluiu que várias deidades simbolizam elementos naturais. Assim, as suas discórdias podem ser explicadas pela Teoria dos Opostos sustentada pela física contemporânea: na realidade, o deus do mar Poseidon é a água, Apolo é o fogo e Hera, o ar. Um século mais tarde, quando Empédocles escreveu seu tratado-poema sobre a natureza, os quatro elementos adquiriram nomes mitológicos: Hera ainda era o ar, mas o "brilhante Zeus" agora era o fogo; a Terra era representada por Aidoneus (deus do submundo) e a água, por uma ninfa desconhecida e chorona chamada Nestis. "Assim surgiu a mitologia", concluiu Holbach em seu *Système de la Nature* (*Sistema da Natureza*) (Londres, 1770): "pode-se dizer que ela é a filha da filosofia natural, embelezada pela poesia, e destinada somente a descrever a natureza e as suas partes" (cap. 19). O maior problema consistia em decidir se os mitos da Antigüidade registram apenas uma reação imaginativa ao mundo natural (que é, de um modo geral, o ponto de vista romântico), ou se constituem uma forma rudimentar de ciência – não aquela "ciência rústica" menosprezada pelo Sócrates de Platão em sua denúncia do mito (*Fedro*, 229) – mas aquilo que os humanistas do Renascimento consideravam ser a sabedoria secreta dos povos da Antigüidade. Deparamos com a atitude romântica em Robert Wood, um dos primeiros a acreditar que os mitos podiam ser explicados pela geografia da sua origem. "Quando o sol se oculta detrás das montanhas cobertas de nuvens da Macedônia e da Tessália", ele escreve em *An Essay on the Original Genius and Writings of Homer* (*Um*

Ensaio sobre o Gênio e os Escritos Originais de Homero) (Londres, 1775), "há uma impetuosidade pitoresca na aparência – sob certos pontos de vista – que lembra naturalmente a velha fábula dos gigantes rebeldes lançando desafios a Júpiter e escalando os céus, numa insinuação fantástica dessa perspectiva tempestuosa" (p. 136). Se o catalisador dos processos mitopeicos não foi a visão, então foi o clima, especialmente o mau tempo. A mitologia escandinava, com seu deus das tempestades, Woden, e seu deus do trovão, Donar, incitou os mais recentes mitólogos românticos do trovão – como Adalbert Kuhn e Wilhelm Schwartz – a reduzirem a mitologia à meteorologia, tal como fez John Ruskin enquanto examinava os mitos gregos da nuvem e da tempestade em *The Queen of the Air* (*A Rainha do Ar*) (Londres, 1869). Por outro lado, Max Müller desviou a ênfase do terror para o êxtase, e explicou a totalidade da mitologia como um esmerado peã à alvorada (1881, p. 400 e ss.). Tudo isto é muito diferente da atitude humanística de Francis Bacon em relação aos mitos sobre os elementos naturais, ao examinar Pã em *The Wisdom of the Ancients* (*A Sabedoria dos Autores Clássicos*) (Londres, 1619). Como Boccaccio, Bacon acreditava que os mitos incorporam verdades naturais, apesar destas últimas ficarem "ocultas" (adverte Boccaccio) "com uma arte que vos surpreenderá" (*De Genealogia Deorum*, xiv. Prefácio).

Os alquimistas, esses filhos – por atribuição própria – de Hermes, não precisavam ser convencidos, e exploraram a mitologia grega e a hebréia em busca de doutrinas herméticas sobre a transformação dos metais. Foram animados pelo fato dos nomes utilizados para alguns planetas serem empregados também para designar alguns metais, o que significaria que um texto que mencionasse Saturno ou Marte poderia referir-se à astronomia propriamente dita, ou à "astronomia inferior" (*astronomia inferior*) da metalurgia, e portanto, estaria sujeito a interpretações astrológicas ou alquímicas. Muito preocupados com a transmutação dos metais básicos em ouro, era inevitável que eles dessem especial atenção às transformações registradas nas *Metamorfoses* de Ovídio. Dafne fugindo de Febo Apolo chamou a atenção de um colaborador do *Theatrum Chemicum Britannicum* de Ashmole (1652), que reconheceu nisso a fórmula para a fabricação da Pedra Filosofal: misturar uma Dafne úmida e volátil com um Febo quente e seco até a solidificação da mistura, acrescentar um pouco de água fresca, e depois, lavar com leite de virgem (p. 420). Deuses e deusas ficam reduzidos às suas propriedades químicas e recebem *status* nominal no vocabulário alquímico, enquanto suas relações sociais e sexuais significam processos alquímicos. Ashmole imprimiu outro poema anônimo intitulado "The Hermit's Tale" ("O Conto do Eremita"), cuja extensão impossibilita citá-lo aqui. É a seqüência alquímica do romance adúltero de Vênus com Marte, e ilustra de que modo aqueles que desejam fazer experiências alquímicas poderiam inventar novas aventuras para as deidades pagãs, e publicar os seus achados em termos mitológicos. No entanto, era comum assumir que os textos da Antigüidade contivessem tudo o que era preciso saber. Acreditava-se que os patriarcas do Velho Testamento – a partir de Adão – estavam muito bem informados sobre a alquimia: caso contrário, como explicar as suas vidas tão longas? Moisés abrasou o Bezerro de Ouro e deu força aos Filhos de Israel para saírem do pó (Êxodo, 32:30); sua "irmã" (Maria Profetisa) escreveu uma *Practica... in Artem Alchemica* (*Prática ... em Arte Alquímica*), à qual Salomão acrescentou uma *Liber de Lapide*, difíceis de obter, graças aos esforços dos eruditos em Bíblia e dos químicos céticos. A mitologia pagã, por outro lado, não colocava esse tipo de problema canônico, e era rica em possibilidades. Por que teriam os argonautas arriscado a vida para obter o Velocino de Ouro (*vellus*) se não fosse por um velino contendo a fórmula para fabricar ouro? Afinal de contas, os carneiros dos quais provinha o Velocino tinham pertencido a Hermes numa época anterior. Ou talvez o próprio Velocino fosse a Pedra, e as aventuras de Jasão seriam então o relato de etapas do processo alquímico? Essas especulações foram registradas, já no século V, por João de Antioquia, e mencionadas no famoso *Lexicon* atribuído a Suidas, no século X; e a última tentativa importante no sentido de interpretar a mitologia da Antigüidade como uma linguagem alquímica secreta foi feita por Antoine Pernety em seu *Dictionnaire Mytho-Hermétique* (*Dicionário Mito-Hermético*) (Paris, 1787). As histórias de alquimia revelam como leituras assim eram levadas a sério. Há um *Aureum Vellus (Velocino de Ouro)* (Rorschach, 1598), por Salomon Trismosin e, do século XVII, uma *Revelation of the Mystery of the Golden Fleece* (*Revelação do Mistério do Velocino de Ouro*), inédita, por Robert Napier; e também uma *Atalanta Fugiens* (Oppenheim, 1618) por Michael Maier e um *Oedipus Chemicus* (*Édipo Químico*) (Amsterdã, 1664), por Johann Joachim Becher. Hoje em dia, a nossa tendência ao pensar em obras assim é relacioná-las especialmente com a comédia de Ben Jonson *The Alchemist* (*O Alquimista*) (1610), que satiriza a charlatanice prática das atividades do Sutil e os desígnios mais extravagantes das reflexões diletantes do virtuose Sir Epicure Mammon. Sir Epicure leu o suficiente para ser capaz de arriscar uma excêntrica contribuição à hermenêutica alquímica, como de fato o faz em seus comentários sobre o fundador de Tebas, Cadmo. Foi Cadmo quem disseminou pelo solo os dentes de um dragão que tinha matado, causando o surgimento de muitos homens armados para lutar. E atiçou a briga entre eles lançando uma pedra no meio do grupo. Um conto bárbaro e ridículo? Não para um adepto da alquimia, que percebe imediatamente que esta pedra não é comum, e que, na realidade, o disfarce do mito é um conjunto de anotações de laboratório escritas em cifra:

> Os dentes do dragão [são] mercúrio sublimado,
> Que conserva a brancura, a dureza e o corte;
> E estão reunidos no elmo de Jasão
> (O alambique) e depois são semeados em Marte seu campo*.
>
> (II.i.96-99)

* *The dragon's teeth [are] mercury sublimate,*
That keeps the whiteness, hardness, and the biting;
And they are gathered into Jason's helm
(The alembic) and then sowed in Mars his field.

Isto não é mais difícil de seguir do que a Sra. Beeton, admitindo-se a suposição de Sir Epicure de que todas as referências ao ouro na mitologia clássica (as maçãs no jardim das Hespérides, a epifania de Júpiter a Danae, o toque de Midas) sejam "enigmas abstratos de nossa Pedra", e dedicando-se toda a energia ao trabalho que consiste em decifrar o que foi tão habilmente codificado.

As pessoas persuadidas de que os mitos registram observações sobre o mundo natural costumam chegar à conclusão de que o escopo de um mito não é simplesmente descrever alguma coisa, senão explicar como ela surgiu. Frazer pensava que os mitos "são explicações erradas de fenômenos, quer da vida humana, ou da natureza externa" (1921, p. xxvii), enfatizando, logicamente, *erradas*. Entre alguns ilustres oponentes a esta teoria etiológica do mito, podemos escolher Bronislaw Malinowski, que a contesta com o ponto de vista funcionalista, afirmando que os mitos não explicam origens, mas preservam precedentes que justificam o *status quo*: o mito é "uma garantia pragmática de fé primitiva e de sabedoria moral" (1926, p. 23). R. R. Marett também estava convencido de que "o mito não é etiológico, mas fidejussório. Serve para confirmar a fé, não para satisfazer a curiosidade" (James, 1957, p. 477 e s.). Os ritualistas salientam que as explicações etiológicas são, invariavelmente, construções *ex post facto*. Talvez a teoria etiológica esteja tão desacreditada, porque lembra muito aqueles *Just So Stories* (*Contos Assim Mesmo*) (Londres, 1902) escritos para crianças, por Rudyard Kipling, onde se explica como o leopardo adquiriu suas manchas e que o camelo adquiriu suas corcovas em castigo pelo seu hábito de estar sempre bufando; também faz lembrar, de Joel Chandler Harris, *Uncle Remus: His Songs and His Sayings* (*Tio Remo: As suas Canções e os seus Provérbios*) (Nova York, 1880), que também tem sua parte de etiologia cômica, quando explica o por quê dos pretos serem negros e dos coelhos terem rabo curto. Mas os contos do Tio Remo foram lidos atentamente por Herbert Huntington Smith, que se ocupara em colecionar relatos similares entre os índios sul-americanos, muito antes da chegada de Claude Lévi-

Strauss. Este último realizou na América do Sul um trabalho científico de campo pelo qual se viu obrigado a rejeitar as premissas funcionalistas de Malinowski. Os poetas sempre inventaram conceitos etiológicos, para explicar o surgimento da lira, ou como foi que Cupido conseguiu o seu arco (geralmente, das sobrancelhas de sua amada). Grant acha etiologias em toda a mitologia romana (1971, p. 219). Conseqüentemente, ele apóia a primeira parte da definição de mito feita por H. J. Rose no *The Oxford Classical Dictionary* (*Dicionário Clássico Oxford*) (Oxford, 1970): "Uma tentativa pré-científica e imaginativa de explicar um fenômeno, real ou suposto, que excita a curiosidade do fazedor-de-mitos".

A segunda metade da definição de Rose (mito é "um esforço para atingir uma sensação de satisfação, em lugar da perplexidade inquietante que envolve tais fenômenos"), ao contrário, enfatiza o aspecto psicológico; portanto, agora temos que ver algumas das principais explicações psicológicas do mito.

As Interpretações Psicológicas

"Você pode fazer uma idéia do que sejam 'mitos endofísicos'?", perguntou Freud a Wilhelm Fliess, em dezembro de 1897, um par de meses depois de tê-lo iniciado na teoria do complexo de Édipo, sobre o qual o resto do mundo não ia ouvir falar até três anos mais tarde. Felizmente, Freud decidiu explicar. "A vaga percepção que uma pessoa tem do seu próprio mecanismo psíquico estimula ilusões que são naturalmente projetadas para fora, e particularmente, para o futuro e para um outro mundo." As ilusões representativas produzidas inteiramente como resultado da projeção psíquica incluem nossas noções de "imortalidade, recompensa [e] o mundo após a morte", sendo todas elas meras "reflexões de nossa psique íntima... psicomitologia". Freud descobriu pela primeira vez o mecanismo operativo da *projeção* durante as suas pesquisas sobre a paranóia, sobre as quais Fliess foi informado em janeiro de 1895 (*CPW*, i, p. 209) e que pouco depois figurou num trabalho de 1896 sobre as neuropsicoses da defesa (*CPW*, iii, p. 184). Cinco anos mais tarde, achava que a chave da paranóia também servia para desvendar a mitologia, visto que em *The Psychopathology of Every Day Life* (*A Psicopatologia da Vida Cotidiana*) (1901), Freud declara inequivocamente sua convicção de que "grande parte da concepção mitológica do mundo – que incide amplamente sobre as religiões mais modernas – *não é mais do que psicologia projetada no mundo externo*" (*CPW*, vi, p. 258). A tarefa do psicólogo, tal como ela é encarada em *Totem and Taboo* (*Totem e Tabu*) (1913), é "inverter o processo e restituir à mente humana o que o animismo nos ensina que é a natureza das coisas" (*CPW*, xiii, p. 91). A interpretação feita pelos mitólogos naturalistas está totalmente errada, porque as paisagens, na realidade, são paisagens da mente ("Ah! a mente, a mente tem montanhas") e não são mais existentes, objetivamente, do que o desolado local da Caverna do Desespero de Spenser, que é uma manifestação aparente e visível da morte espiritual.

Freud considerava os mitos como "precipitados" de processos inconscientes (*CPW*, xx, p. 212). Analisado clinicamente, o conto de Narciso simboliza um modo de inversão neurótica que Freud identificou pela primeira vez como narcisismo num ensaio de 1910 sobre Leonardo da Vinci (*CPW*, xi, p. 100); e o destino do homem que ficou cego após ter espreitado Lady Godiva ajudou Freud a elucidar uma teoria sobre o distúrbio psicogênico da visão (*CPW*, xi, p. 217). Até mesmo algo tão grotesco como a deusa egípcia Mut (com cabeça de abutre, mamífera e lasciva) oferecia critérios sobre o mundo fantástico da sexualidade infantil (*CPW*, xi, p. 93 e s.). Ao mesmo tempo, Freud estava preparado para dar tanto quanto recebia, e utilizar os conhecimentos já adquiridos para exumar significados pouco comuns, de mitos comuns. Ao apoiar a afirmação de Ferenczi, de que o verdadeiro horror da górgone Medusa (que tinha serpentes por cabelos e transformava em pedra quem a encarava) é que ela representa uma impressão neurótica infantil dos órgãos genitais femininos, Freud salientou a importância de se reconhecer que os órgãos assim simbolizados são os da mãe: "Atena, que carrega a cabeça de Medusa sobre sua armadura, torna-se portanto a mulher inacessível, cuja visão extingue qualquer pensamento de aproximação sexual" (*CPW*, xix, p. 144; mas infelizmente, foi Perseu quem cortou a cabeça de Medusa e a deu a Atena para que esta a usasse sobre o peito de armas, o que dá lugar a complicações sexuais inimagináveis). Por volta de 1930, Freud estava produzindo com toda seriedade interpretações mitológicas que davam inveja a seus parodistas. Quem, se não Freud, teria tido a temeridade de explicar a aventura de Teseu no labirinto cretense como "uma representação do nascimento anal: os caminhos tortuosos são os intestinos, e o fio de Ariadne é o cordão umbilical" (*CPW*, xxii, p. 25)? Ou dizer que Prometeu conseguiu manter o fogo aceso num talo fálico de funcho, retendo castamente o fluido que o teria extinguido (*CPW*, xxii, pp. 187-193)?

Se os mitos são projeções, qual é a parte da mente que os projeta? Freud achava que era o inconsciente, que ele imaginava como uma espécie de celeiro onde a mente consciente armazena fantasias sexuais que prefere desconhecer: assim, no ponto de vista de Freud, os mitos estão tão sobrecarregados de sexo quanto R. P. Knight tinha imaginado em seu *Discourse on the Worship of Priapus* (*Discurso sobre a Adoração de Príapo*) (Londres, 1786). Jung discordava. Inicialmente, ele aceitou a teoria da projeção; porém, mais tarde modificou-a, julgando a mente inconsciente como um meio de *ecforir (*isto é, "trazer para fora") imagens primordiais, em vez de simplesmente bani-las (*CW*, ix (1), p. 25; xvi, p. 122). Jung tomou uma atitude mais radical ao rejeitar o modelo de Freud do inconsciente, substituindo-o por uma estrutura composta de dois níveis, que ele mesmo ideou. O nível superior é o "inconsciente pessoal", que fica logo abaixo do limiar da consciência e é um receptáculo de repressões, como já tinha dito Freud: este "inconsciente pessoal" é suscetível de análise freudiana. Mas abaixo deste nível existe um "inconsciente coletivo" muito mais profundo, cujos segredos não podem ser revelados mediante as técnicas da análise freudiana (lapsos da fala, testes de associação de palavras, detecção de símbolos) porque seus conteúdos nunca foram reprimidos previamente. Este inconsciente coletivo é universal, "idêntico em todos os seres humanos, e portanto, constitui um substrato psíquico comum de uma natureza suprapersonal que está presente em todos nós" (*CW*, ix (1), pp. 3-4). Em 1919, pela primeira vez, Jung denominou o conteúdo do inconsciente coletivo "arquétipos". São estes os que produzem as "imagens arquetípicas" comuns nos mitos, nos sonhos, na arte e na literatura, "imagens universais que existem desde os tempos mais remotos" (*idem*, pp. 4-5). A distinção feita por Jung entre *arquétipo* e *imagem arquetípica* é importante, tendo em vista que os críticos literários freqüentemente confundem os dois termos. "O termo 'arquétipo' ", explica Jung, "não tenciona denotar uma idéia herdada, mas um modo herdado de funcionar, correspondente à maneira inata pela qual o pintinho emerge do ovo" (Jacobi, 1959, p. 43). Nos mitos e na literatura, encontramos meramente imagens arquetípicas. O que herdamos biologicamente, na estrutura das células nervosas do cérebro, não são as imagens em si, mas a capacidade de fabricar tais imagens: "não há idéias inatas, mas há possibilidades inatas de idéias que estabelecem limites até mesmo à fantasia mais atrevida" (*CW*, xv, p. 81). Jung afirmava que as suas pesquisas tinham "aberto um campo de fenômenos psíquicos que são as próprias matrizes de toda mitologia", especificamente "arquétipos como a anima, o animus, o velho homem sábio, a bruxa, a sombra, a mãe-terra etc., e os organizadores dominantes, o *self*, o círculo e a quaternidade" (*CW*, v, p. 390 e s.). O que quer que Freud possa dizer, a mitologia é "psique coletiva, não psique individual" (*CW*, vii, p. 91 e s.) e é por isso que os antigos mitos tinham efeito psicoterápico nas pessoas que neles acreditavam: "eles explicavam ao ser humano perplexo o que se passava em seu inconsciente e o por quê dele ser coibido" (*CW*, v, p. 308). Quando o racionalismo prevaleceu e as pessoas tornaram-se sofisticadas demais para acreditar em mitos, os poderes psíquicos outrora identificados e dominados pelos mitos ficaram perigosamente fora de controle, com os devastadores efeitos evocados no poema de Auden "A New Age" ("Uma Nova Era"):

> Os poderes vencidos estavam contentes
> Por estarem invisíveis e livres; sem remorso
> Derrubaram os filhos que vagueavam pelo seu caminho
> E violaram as filhas, e enlouqueceram os pais*.

A totalidade da teoria ilustra notavelmente o que Whitehead costumava chamar de Falácia da Concretitude Mal Aplicada, já que o "inconsciente coletivo" de Jung não é mais verificável empiricamente do que a "estrutura profunda" de Noam Chomsky, que, do mesmo modo, aparece para explicar tudo, menos a si mesma.

Apesar de todas as suas diferenças, Freud e Jung compartilham as mesmas suposições afetivistas, ao explicar a nossa fascinação pela matéria dos mitos. Os dois assumem que, de alguma forma, nós sabemos o que o mito está nos dizendo, muito antes de sabermos que sabemos. No caso de Freud, a teoria do complexo de Édipo surgiu tanto do estudo de reações da audiência a *Oedipus Rex* (*Édipo Rei*) quanto da compreensão das propriedades formais da peça de Sófocles. Freud diz que o destino de Édipo "nos comove somente porque poderia ter sido o nosso", dado que *Édipo Rei* representa uma cena fundamental de identificação para benefício do nosso inconsciente; assim, todos assistimos fascinados e horrorizados, enquanto Édipo se comporta de acordo com "os desejos primevos da nossa infância" (*CPW*, iv, p. 262). A força que nos atrai nesta peça (como em *Hamlet*) age num nível subliminar, porque um dramaturgo não pode estar mais ciente que a sua audiência do motivo pelo qual este tema é tão compulsivamente fascinante. Jung atribui ao elemento afetivo uma importância ainda maior, ao afirmar que "quando ocorre uma situação arquetípica,

---

* *The vanquished powers were glad*
To be invisible and free; without remorse
Struck down the sons who strayed into their course,
And ravished the daughters, and drove the fathers mad.

experimentamos subitamente uma extraordinária sensação de liberação, como se fôssemos transportados, ou cativados por um poder irresistível. Em momentos assim, deixamos de ser indivíduos, para tornar-mo-nos raça; a voz de toda a humanidade ressoa dentro de nós" (*CW*, xv, p. 82). Os riscos para a crítica de uma confiança excessiva em tais choques de identificação aparecem em *Archetypal Patterns in Poetry* (*Modelos Arquetípicos em Poesia*) (Londres, 1934), pela crítica junguiana Maud Bodkin. O seu método – do qual a sua análise de "Rime of the Ancient Mariner" ("Rima do Antigo Marinheiro") de Coleridge é especialmente ilustrativa – consiste em esquadrinhar sismograficamente obras de literatura, para detectar tremores míticos. Ao ler que a sombra do navio abonançado "consumiu-se de um vermelho imóvel e terrível"*, ela acha que a palavra *vermelho* "têm uma alma de terror adquirida através da história da raça" (p. 44). Um psicólogo freudiano gostaria de saber como ela pode ter tanta certeza de que a sua reação a *vermelho* não é provocada simplesmente por algum trauma pessoal; por outro lado, um crítico literário tenderia a atribuir a reação dela ao contexto local do poema de Coleridge, e perguntaria se ela já tinha sentido ondas de terror racial ao ler o poema de Burns *My Love is Like a Red Red Rose* (*Meu Amor é como uma Rosa muito Vermelha*).

O redescobrimento da mitologia como enciclopédia de tipos psicológicos e emoções universais estimulou os escritores a interessar-se de novo pelos velhos mitos. Os primeiros capítulos do livro de Frederick J. Hoffman sobre *Freudianism and the Literary Mind* (*O Freudismo e a Mente Literária*) (Baton Rouge, 1957) traçam o curso da diáspora das idéias freudianas entre escritores ingleses e norte-americanos, mas não dispomos de um estudo comparável sobre a influência de Jung. Aparentemente, poderia pensar-se que Jung tem muito mais para oferecer aos escritores do que Freud, visto que o âmbito emocional abrangido pela sua teoria dos arquétipos é muito maior que a ênfase limi-

---

* *Burnt alway/A still and awful red.*

tadamente sexual dos textos de Freud. "Todos os que falam com imagens primordiais falam com um milhar de vozes", escreve Jung (*CW*, xv, p. 82). Yeats chegou a conclusões similares independentemente, visto que num ensaio sobre "Magic" ("Magia") (1901), ele expressou a sua convicção sobre a existência de uma Grande Memória claramente semelhante ao inconsciente coletivo junguiano, apesar de desenvolvida a partir do *Anima Mundi*, tal como fora imaginado pelo platônico do século XVII, Henry More. "Tudo o que as paixões do ser humano agregam em torno de si", segundo Yeats, "torna-se um símbolo na Grande Memória, e nas mãos daquele que possui o segredo, é um fazedor de milagres, um chamador de anjos ou demônios" (*Essays and Introductions* [*Ensaios e Introduções*], Londres, 1961, pp. 28, 50). *A Vision* (*Uma Visão*) (Londres, 1937) revela a natureza eclética da busca de Yeats de imagens arquetípicas como a da "besta bruta" em seu poema "The Second Coming" ("O Segundo Advento"), que se inclina para o seu Belém para nascer. Para Yeats, como para Jung, as imagens evocadoras de emoções primordiais são o meio para se chegar a uma literatura de importância universal.

A teoria das imagens arquetípicas de Jung é uma forma polêmica de ver o velho problema, ainda sem solução, de como é possível que sociedades muito remotas entre si em tempo e distância possam inventar contos quase iguais. Assim colocada, equivale a dar a questão como provada, porque o que está sendo questionado é se os mitos supostamente "universais" ou "que se repetem eternamente" o são realmente, ou apenas relativamente: estamos lidando com identidades absolutas, ou meras semelhanças de família?

Os que acreditam que as similaridades excedem as diferenças têm uma alternativa. Por um lado, podem defender a hipótese uniformizadora de que todos os mitos são a mesma coisa porque todos os seres humanos são iguais. Neste caso, podem esperar-se somente similaridades. Por outro lado, podem acreditar que a sua mitologia favorita é a mais antiga e a mais venerável conhecida pelo homem, e ver evidências de difusão cultural ou de plágio inequívoco nas similaridades existentes entre a sua própria mitologia e outra qualquer. Nos tempos em que Justino o Mártir sentia a obrigação de provar que o nascimento virginal de Perseu não tinha inspirado o nascimento virginal de Jesus Cristo (*Dialogue with Trypho* [*Diálogo com Trypho*], lxvii - lxx), e quando Celso conseguiu achar apenas versões deturpadas de Platão nas doutrinas cristãs, Clemente de Alexandria pôde simplesmente inverter as acusações em suas *Miscellanies* (*Miscelâneas*) (i.22), citando Numênio: "O que é Platão, senão Moisés falando em dialeto ático?" Assim nasceu a confortante ficção – promulgada na obra de Justino o Mártir *Hortatory Address to the Greeks* (*Discurso Exortativo aos Gregos*) (xiv) – de que tanto Homero como Platão tinham visitado o Egito e que ali eles tinham assimilado uma boa quantidade de fatos e tradições mosaicas ainda perceptíveis, apesar de adulteradas, na literatura grega. Este é o lugar-comum cristão a que alude Giles Fletcher em seu poema sobre *Christ's Triumph Over and After Death* (*O Triunfo de Cristo sobre e depois da Morte*) (Cambridge, 1610):

> Quem é que não vê afogado, em nome de Deucalião
> (Quando a terra os seus homens, e o mar a sua costa tinha perdido)
> O velho Noé; e na mecha de cabelos de Nino a fama
> De Sansão ainda vivo...?*
>
> (7a. estrofe)

Os céticos põem em evidência anomalias negligenciadas pelos achadores de formas, e concluem que a similaridade é uma ilusão criada pela seletividade. Se os mitos fossem verdadeiramente universais, dizem eles, poderíamos contar com cosmogonias e autoctonias iguais no mundo inteiro. O problema, tal como o vê Frankfort (1958, p. 168), não consiste em explicar como os gregos e os tamanacos, com bastante independência entre si, conceberam o surgimento da humanidade como tendo se desenvolvido a partir de pedras lançadas para trás, mas explicar o porquê de ne-

---

* *Who doth not see drowned in Deucalion's name*
  (When earth his men, and sea had lost his shore)
  Old Noah; and in Ninus' lock, the fame
  Of Samson yet alive...?

nhum outro povo ter tido essa idéia da origem. Quando Lessa procurou o mito de Édipo junto a insulanos do Pacífico, não foi capaz de achar nem um único exemplo que reunisse os três ingredientes básicos (profecia, parricídio e incesto). Cristãos como Ong, que acreditam que o tempo é linear e único, são naturalmente opostos a todas as teorias universalistas que envolvem circularidade e repetição, como as descritas por Mircea Eliade em *The Myth of the Eternal Return* (*O Mito do Eterno Retorno*) (Nova York, 1954). "No cosmo que conhecemos", escreve Ong "não há repetição real em nenhuma parte, porque tudo está em evolução ativa. Há repetição somente numa visão incompleta, quando não se examina de perto" (1967, p. 311).

Freqüentemente percebemos – em polêmicas acerca da maneira psicanalítica de encarar o mito – que simples provas nunca poderão liquidar a questão de uma forma ou de outra, porque o real motivo de preocupação é a ansiedade sobre a natureza da imaginação mitopéica; ela é – como preferimos pensar – uma expressão da nossa liberdade para inventar realidades alternativas, ou um mero agente dessas forças poderosas (pessoais e traumáticas, ou racionais e primordiais) que determina as nossas vidas?

A Didática Moral

Um dos muitos rigores suportados pelo Dom Juan de Byron na sua infância foi uma educação clássica, que causava à sua mãe preocupações sem limite, pois – apesar de seu enorme respeito pelos textos clássicos – Dona Inês "tinha pavor da Mitologia" – essa *chronique scandaleuse* (crônica escandalosa) de deuses e deusas, que "nunca vestem calças ou corpetes" (*Don Juan*, i.41); e naturalmente seus temores tinham razão de ser, uma vez que o rapaz precoce cuja leitura favorita eram centões de trechos obscenos de textos expurgados não estava totalmente despreparado para o dia em que seu jovem professor particular tentou "abraçá-lo de forma puramente platônica" (i.91). O predicamento de Dona Inês é típico do humanista cristão, que por um lado acha que uma educação que ignore os clássicos não é educação, mas por outro lado receia a tendência da literatura clássica para depravar e corromper, se for lida indiscriminadamente. O seu politeísmo a torna potencialmente subversiva para a fé cristã e o seu código moral deixa muito a desejar. "Os deuses gregos são libertinos, e libertinos desnaturados", queixava-se Gerard Manley Hopkins a Dixon (23 de outubro de 1886): "não têm maneiras, não são cavalheiros..."

Contudo, se os gregos tinham plagiado Moisés com a sua mitologia, fazia sentido que os mitos pagãos conservassem vestígios da fé verdadeira. Boccaccio, que acreditava que "os poetas pagãos tinham um senso imperfeito do verdadeiro Deus" (*De Genealogia Deorum*, xiv. 13), foi infuenciado pela observação de São Paulo de que "tudo o que foi escrito antigamente, foi escrito para o nosso ensinamento" (Romanos, 15:4). Também sofreu essa influência o autor, do século XIV, de *Ovide Moralisé* (*Ovídio Moralizado*), poema que desenrola-se por sete mil e quinhentas linhas, após um impulso inicial dado por São Paulo: "Se l'escripture ne me ment, / Tout est pour nostre enseignement"*. Também poderia servir de justificativa o fato de Deus ter perdoado os Filhos de Israel por terem saqueado as propriedades egípcias (Êxodo, 12:35 e s.); visto que se isto for interpretado como significando que os produtos do paganismo não foram contaminados pelo espírito do paganismo, os cristãos ficam livres para pegar o que quiserem, como observou Hawkins ao reunir símbolos para *Parthenia Sacra* (Rouen, 1633). A alegoria foi o elo intermediário inevitável, porque os pagãos, bem como os cristãos, estavam acostumados a ler as suas próprias mitologias alegoricamente. São Paulo explicou aos gálatas (4:22-31) que o relato da Gênese sobre Abraão e os seus dois filhos ("um com uma escrava, o outro com uma mulher liberta") é de fato uma alegoria do pacto duplo da Lei e da Graça; e Fílon o Judeu utilizou alegorias complexas, na tentativa de redu-

---

* *Se a escrita não mente / Tudo é para o nosso ensinamento.*

zir o que julgava serem absurdos do livro da Gênese. Em uma época em que um epitalâmio atualmente conhecido como *O Cântico de Salomão* tinha sido explicado por Orígenes como uma alegoria do matrimônio místico de Cristo com a Igreja, era tarde demais para desistir da busca de significados espirituais em lugares improváveis.

Quanto à tradição pagã, a alegorização de Homero tinha começado no século VI a.c. com Teágenes de Régio, que acreditava que algumas das personagens homéricas eram, na realidade, qualidades personificadas. Assumindo (como ele) que Atená "seja" a sabedoria, Ares a loucura, Afrodite o desejo e Hermes a razão, chega-se à conclusão estóica que a mitologia é uma forma não-discursiva de ensinamento ético, e começa a procura daquelas alegorias morais que ocupam uma posição tão importante nas notas de George Sandy para sua tradução de 1632 das *Metamorfoses* de Ovídio. O Hércules de Prodicus, que está parado na encruzilhada e contempla a larga estrada que leva ao Vício, antes de pegar o escabroso caminho que leva à Virtude, não é nem homem nem deus, mas a Sabedoria surpreendida no ato de fazer uma escolha moral correta (Xenofonte, *Memorabilia*, ii, 1). Até Pope sentiu-se compelido a acrescentar apêndices morais às suas traduções de Homero, em benefício dos diligentes moralistas, que teriam gostado de pôr as mãos num exemplo da Prudência Refreando a Paixão na *Ilíada*, ou da Virgem Louvada pelo Pudor, na *Odisséia*. E se chegássemos a acreditar que a mitologia é – além de uma "sociologia dos costumes" abrangente (Vickers, 1973, p. 261) – um sistema filosófico secreto, a "alegorese" seria um meio de recuperar a sabedoria perdida da Antigüidade. Antes de Vico ter finalmente demolido a teoria em sua *Scienza Nuova (Ciência Nova)* (1725-1744, parágrafo 384), para os mitógrafos como Natale Conti, o fato dos autores clássicos da Antigüidade terem incorporado as suas doutrinas filosóficas em mitos parecia axiomático (*Mythologiae*, [1567], Livro x): *quod omnia philosophorum dogmata sub fabulis continebantur* foi uma mensagem levada muito a sério por Francis Bacon, quando relatou as suas próprias pesquisas mitológicas em *The Wisdom of the Ancients (A*

Sabedoria dos Autores Clássicos da Antigüidade) (1619), que segundo Garner, é a obra filosófica mais complexa e concisa de Bacon (1970, p. 280), e não um anacronismo, como costuma ser considerada. Na exaltação provocada pela caça às filosofias ocultas, ninguém foi dissuadido pela advertência de Sêneca de que as obras de literatura contêm muitas filosofias, mas nenhuma filosofia. Sêneca achava engraçado o modo pelo qual os estóicos, os epicuristas, os peripatéticos e os acadêmicos imputavam as suas doutrinas irreconciliáveis aos poemas homéricos. A conclusão era óbvia: "nenhuma dessas doutrinas deve ser atribuída a Homero, pelo fato delas estarem todas presentes aí" (*Epistulae*, lxxxviii.5).

Teoricamente, assumia-se que todo mito está contido num invólucro verbal (*integumentum*) que provavelmente é bastante diferente do significado essencial subjacente. O tegumento é fictício, mas o núcleo é verdadeiro: a "alegorese" – tal como George Chapman a concebeu ao traduzir a *Odisséia* – implica remover o tegumento fictício, para descobrir "a mais material e doutrinal ilação da Verdade". Assim, até mesmo a Ovídio poderia ser dado o benefício da dúvida: as *Metamorfoses* podem parecer apenas fabulosas, observa William Webbe em seu *Discourse of English Poetry* (*Discurso sobre a Poesia Inglesa*) (Londres, 1586),"todavia, ser moralizado de acordo com seu significado [ou seja, intenção], descobrindo a verdade de cada relato, é um trabalho que exige uma sabedoria extraordinária e um raciocínio seguro" (p. 29). Tudo passa pelo mesmo filtro moral e emerge como um *exemplum* de alguma coisa. Se Júpiter assume a aparência de um touro, ou se Apuleio é transformado em asno, quer dizer "que um homem, quando se abandona à luxúria, não é melhor que uma besta" (Robert Burton, *The Anatomy of Melancholy* [*A Anatomia da Melancolia*] [Londres, 1652], iii. 2.3). O pecado é bestial; portanto, cada um dos Sete Pecados Mortais de Spenser é conduzido pela besta adequada; a Gula é representada à maneira de Sileno, porque os deuses pagãos exemplificam diversos aspectos da degradação humana. O que tornava o método moralizante tão obstinado era a sua tolerância por interpretações antitéticas que registram lições positivas e negativas a serem aprendidas a partir do mesmo fenômeno. Dependendo das circunstâncias, o fato de Leandro ter atravessado o Helesponto a nado para juntar-se a Hero pode ser interpretado *in bono* ou *in malo*; *in bono* significa a alma cristã esforçando-se para atingir a divina sapiência; *in malo*, a morte de Leandro por afogamento mostra que as pessoas dedicadas ao amor meramente terreal recebem o merecido castigo (*Ovide Moralisé* [*Ovídio Moralizado*], 3587-7331).

Os críticos da interpretação moralista queixaram-se, alegando que a exploração dos mitos pagãos na busca de mensagens cristãs não produzia boa teologia, nem fazia sentido. Os extremistas opinavam que o fato de mexer com a poesia pagã era perigoso, sob qualquer condição, porque "aquele que tocar piche será por ele maculado" (*Ecclesiasticus*, 13:1). John Walton prefaciou sua tradução de Boécio, no começo do século XV, com a admoestação de que as obras pagãs não são recomendáveis para os bons cristãos:

> Nada gosto de labutar ou meditar
> Sobre essas velhas poesias obscuras;
> Pois a fé de Cristo deveria rejeitar essas coisas,
> Como testemunha Jerônimo, o santo escrevente:
> Não deve ser trabalho de um homem cristão
> Renovar os nomes dos falsos deuses...*

Os depoimentos dos escritores pagãos também não foram utilizados como evidência confirmatória pelos comentadores da Bíblia. O problema era que os pagãos poderiam dar uma impressão ilusória de virtude se fossem conhecidos somente através de mosaicos de citações em *florilegia* cuidadosamente selecionadas pelos cristãos cultos. Erasmo foi

---

* *Nought liketh me to labour nor to muse*
Upon these old poesies dark;
For Christ's faith such things should refuse,
Witness upon Jerome, the holy clerk:
It should not be a Christian man's work
The false gods' names to renew...

ainda mais longe, quando afirmou em seu *Enchiridion Militis Christiani* (Basiléia, 1518) que existe mais religião em alguns dos mitos moralizados (ele dá como exemplos as histórias de Circe, Tântalo, Sísifo e os Trabalhos de Hércules), do que numa interpretação literal da própria Bíblia. O que tinha acontecido durante o reinado de Juliano, o Apóstata, no século IV, permanecia como terrível lembrança da ameaça que representava um paganismo refinado para o cristianismo estabelecido; e quando a Igreja editou o seu *Index Librorum Prohibitorum* tridentino, em 1564, relacionou o *Ovidius Moralizatus*, não as obras originais de Ovídio, o que não deixa de ser expressivo (Seznec, 1953, p. 274 e s.).

Outros críticos acharam a mitologia moralizada menos perigosa do que francamente estúpida, como por exemplo Lutero, em seu comentário sobre a Gênese (Allen, 1970, p. 240). Aparentemente, Santo Agostinho pensava que a moralidade dos mitos pagãos não era mais patente que as novas roupas do imperador. Se alguém acredita que esse tipo de relato inculca moralidade, ele zombava, "peçam-lhe que diga onde os deuses ensinavam esses preceitos" (*De Civitas Dei*, ii. 6). Uma fábula pia e um conto obsceno podem ter parte na glória literária total? Rabelais – cuja competência num desse gêneros é irreprochável – estava inclinado a pensar que não, e acusou os moralizadores de cometerem uma gigantesca zombaria. "Vocês acreditam sinceramente", ele perguntava em seu prólogo a *Gargântua* (1534), "que Homero, ao escrever a *Ilíada* ou a *Odisséia*, chegou sequer a imaginar a mixórdia alegórica que lhe atribuíram mais tarde...? Homero nunca teria imaginado toda essa lenga-lenga alegórica, assim como Ovídio não estava pensando no Evangelho, quando escreveu *Metamorfoses*". Será que alguma vez os moralizadores tiveram consciência da sua tentativa de enganar toda a gente o tempo todo? Ou a sua culpa consistiu apenas no auto-engano, ao anestesiar as suas próprias consciências morais, antes de ceder aos prazeres sensórios e às vezes sensuais proporcionados pela mitologia? Sobre o pedestal da graciosa estátua de Apolo e Dafne criada por Bernini há um mote cuja essência diz que os casos de amor passageiros não levam a nada. Subentende-se que a estátua retrata exatamente isso. Ao ver esses corpos primorosos, esquece-se o mote, mas ele está sempre ali, para uma emergência moral. Não fosse pelas ingenuidades ou pelas hipocrisias dos moralizadores assíduos, quanta mitologia pagã teria sobrevivido ao zelo destrutivo dos cristãos devotos?

Os Jogos da Linguagem

Agora que desistimos da caça ao castor com fins farmacêuticos, nenhum naturalista moderno tem oportunidade de observar o extraordinário hábito desse animal, que arranca seus próprios testículos para eludir a captura. Ao que parece, os castores medievais estavam intensamente precavidos contra a sua importância na economia como produtores primários de castóreo, uma substância untuosa segregada pela sua virilha e utilizada na preparação de medicamentos e perfumes; quando os caçadores se aproximavam, os castores autocastravam-se, sabendo que assim seriam deixados em paz pelos seus perseguidores. É tudo o que sabemos, através de um encantador bestiário latino do século XII traduzido por T. H. White com o título *The Book of Beasts* (*O Livro das Bestas*) (Londres, 1954), onde o castor é chamado pelo seu nome latino, *Castor* (p. 28). Isto explica tudo. Os castores são assim chamados porque eles se castram; Isidoro escreve: *castores a castrando* (*Etymologiae*, xii. 2). Ninguém sabe exatamente como foi que este mito a respeito do castor começou a circular, mas uma coisa é quase certa: seja quem for que inventou a lenda nunca observou os castores de perto, porque caso o tivesse feito, teria percebido que os testículos do castor macho são internos, e não podem ser arrancados por uma mordida do animal (ou talvez observou, e deduziu que todos os espécimes que chegaram às suas mãos já tinham sido vítimas de uma prévia caçada). Provavelmente, o que aconteceu foi que o mito foi inventado para explicar a denominação do castor em latim, com a mesma lógica que aquela que determinou o nome do professor Mock Turtle: "chamamo-lo de Tartaruga porque ele nos ensinava"* (ou reciprocamente, com um nome desses, como a tartaruga poderia ter sido outra coisa senão um professor?). "Freqüentemente, os nomes harmonizam com as naturezas", diz o provérbio. A análise formal desta suposição começa pelo *Crátilo*, de Platão, que examina a questão de se os nomes que atribuímos às coisas são apenas rótulos convencionais (opinião de Hermógenes e da maioria dos lingüistas modernos) ou se, a princípio, os nomes são escolhidos por representarem a natureza das coisas que descrevem (opinião de Crátilo e da maioria dos poetas e novelistas). Se acreditássemos, como Crátilo, que os nomes são inerentes às coisas que denotam, provavelmente pesquisaríamos a linguagem para achar informação sobre a realidade, e sondaríamos o mundo das palavras, à procura de revelações no mundo das coisas. O fato da língua mudar não é problema, desde que estejamos dispostos a realizar as nossas pesquisas etimologicamente: tudo o que precisamos é determinar a direção da correnteza semântica examinando os usos antigos, e em seguida remar rio acima até a fonte, onde acharemos o étimo primitivo que, milagrosamente, *é* o que ele descreve. A chave da natureza do Castor é nome do Castor.

Atualmente pensamos de maneira diferente, é claro. Cassirer (1946, p. 31) ilustra a forma pela qual a linguagem denota somente a nossa concepção dos objetos (não os objetos em si) pelo contraste entre a palavra "lua" em grego e em latim: para os gregos, a lua era "a que mede" (μήν), enquanto que para os romanos era *luna*, "a brilhante". Geralmente, os fazedores de mitos não são capazes de distinguir esse tipo de discriminação. Se o nosso escritor de bestiários é muito pouco útil como naturalista, pelo menos ele nos mostra uma das possíveis formas pelas quais um mito se origina. Considere-se, por exemplo, o mito – amiúde presente na poesia platônica – sobre como a alma definha na prisão do corpo e anseia pelo dia em que a morte a

---

* "We called him Tortoise because he taughts us", trocadilho entre *Tortoise* e *taught us* em inglês, citado de *Alice no País das Maravilhas*, de Lewis Carroll (N. do T.).

libertará: supõe-se que isto tenha sido provocado pela curiosidade acerca da semelhança entre a palavra grega que significa "corpo" (σωμα) e a que significa "túmulo" (σημα). Platão salienta isto em seu *Crátilo* (400) e novamente, em *Fédon* (62), onde o túmulo é substituído por uma prisão (φρουρά). Isto é muito esclarecedor, porque aqui, a mudança de palavra turva a origem verbal da idéia, o mito solta-se de suas amarras na linguagem grega, para flutuar livremente. O relato de como Sansão achou mel na carcaça do leão que tinha matado (Juízes, 14:8) resulta ser apenas uma forma de dizer que a palavra hebréia que significa "mel" deriva da palavra hebréia que designa "leão" (Porter); e o mito grego sobre como Deucalião e sua esposa Pirra repovoaram a terra após o Dilúvio jogando pedras para atrás ficou menos enigmático depois que Sandys explicou (p. 70) que a palavra grega que significa "pedra" (λαóζ) é notavelmente similar à palavra que quer dizer "gente" (λααζ). Pode ser um disparate, mas é o tipo de disparate que serviu de matéria-prima para alguns mitos, até os filólogos terem demonstrado, finalmente, que é um disparate.

Mesmo assim, um número surpreendentemente grande de mitos inspirados verbalmente conseguiram sobreviver ao escrutínio dos filólogos modernos. Ainda se alega origem lingüística para o relato de como Deus multiplicou as linguagens daqueles que estavam incumbidos de construir a torre de Babel, frustrando o seu esforço ímpio para atingir o céu. Tudo teve início com uma tentativa lingüística de explicar os zigurates de Babilônia (Babil) mediante o hebreu *balal* ("confundir"): "portanto, o nome dela é Babel; porque nela o Senhor confundiu a linguagem da terra inteira" (Gênese, 11:9). E se na poesia inglesa, de Spenser a Shelley, ecoa "o temido nome / de Demogorgão" (*Paradise Lost* [*Paraíso Perdido*] ii: 964 e s.), supremo antepassado de todos os deuses – apesar de ser uma deidade completamente desconhecida na Antigüidade – sabemos que isto se deve em grande parte ao fato de Boccaccio ter perpetuado a interpretação errada de δημιουργóζ ("demiurgo, criador") como sendo Demogorgão, erro cometido antes pelo escoliasta que comentou o *Tebaida* de Estácio (iv. 516).

O que ficou conhecido no século XIX como a "ciência" da mitologia desenvolveu-se a partir da hipótese de uma nova linguagem primitiva (primeiro chamada língua ariana, e mais tarde indo-européia) da qual descenderam o sânscrito, o grego e o latim, como indicou Sir William Jones pela primeira vez em 1786. Mediante o que Friedrich Schlegel denominaria pouco mais tarde a "gramática comparativa" (1808), a estrutura provável desta língua primitiva (*Ursprache*) foi resolvida; e a Lei de Grimm (1822) e a Lei de Verner (1875) explicaram as mudanças de sons que tinham conduzido todas as línguas provenientes da indo-européia por caminhos separados. Pela primeira vez na história, foi possível determinar se as similaridades verbais nas diferentes linguagens eram puramente acidentais, ou formas cognatas dentro de uma grande família única. As estimulantes implicações de tudo isso para os estudos mitológicos ainda vibram num ensaio da extensão de um livro, sobre "Comparative Mythology" ("Mitologia Comparativa") (1856), pelo muito difamado F. Max Müller, que opinava que "a mitologia do Veda é para a mitologia comparativa o que o sânscrito tem sido para a gramática comparativa" (1881, p. 381). A façanha de Müller consistiu em estabelecer uma relação entre os métodos da filologia comparativa e a velha suposição de que os mitos nascem de algum tipo de jogo de palavras. Ele acreditava que os árias tinham expressado as suas observações da natureza antropomorficamente, em linguagem metafórica. Na impossibilidade de atingirem o nível de abstração que lhes teria permitido dizer algo tão simples como "é de noite", viram-se obrigados a dizer que "Selene beija Endimião e ele dorme" (todo mundo sabendo que Selene era o que chamaríamos a lua, e Endimião o sol poente). Quando as tribos árias se dispersaram pelo que mais tarde se tornou a Europa, levaram consigo as suas metáforas; e à medida que os significados originais dessas metáforas foram perdendo-se, novas lendas iam sendo inventadas, a fim de explicar figuras já não mais reconhecidas como figuras de linguagem. Assim, a mitologia é "uma doença da linguagem": "a maioria dos... deuses pagãos é apenas uma série de nomes poéticos, que gradativamente foram sendo levados a assumir uma personalidade divina nunca contemplada pelos seus inventores originais" (1880, p. 12). Os filólogos comparativos estão singularmente qualificados para eliminar as confusões herdadas que abundam numa mitologia "tardia" como a dos gregos, visto que somente eles sabem como reconstruir os significados das raízes de todos aqueles nomes que outrora tinham designado naturezas, mas que, na época de Homero, tinham-se tornado rótulos muito opacos. A metamorfose de Dafne num louro, quando foi perseguida por Apolo, é uma mutação típica forjada pela doença lingüística: detrás do nome Dafne está o sânscrito *Dahana* ou *Ahana*, que é o amanhecer; e como Apolo é o sol, inicialmente o mito descrevia a conflagração da alvorada nos braços do seu amante, o sol. E quanto ao louro? "O amanhecer era denominado δάφνη, o incêndio; o louro tinha o mesmo nome, por ser madeira que arde com facilidade" (1881, p. 399). De fato, grande parte da mitologia grega gira em torno das alvoradas e dos ocasos, nas interpretações forçadas de Müller: "outro poente magnífico assoma no mito da morte de Héracles", ele observa, com evidente satisfação (1881, p. 394). Os descrentes zombaram de sua redutibilidade mais facilmente que de sua filologia em paródias dos seus métodos. E. B. Tylor provou que "A Song of Sixpence" era um mito solar até então despercebido; e entre as deidades solares insuspeitadas, que andavam soltas pela Inglaterra, Andrew Lang atestou W. E. Gladstone, e R. F. Littledale, o próprio Müller. Mas há mais em Müller do que isso. A sua ênfase sobre o verbalismo da mitologia – por mais absurda que ela seja na prática – foi um lembrete benéfico de que os mitos podem inspirar-se tanto por palavras, como por idéias; e de fato, pouco tempo depois, Stéphane Mallarmé e os simbolistas franceses iriam declarar a primazia da palavra sobre a idéia na criação da poesia, onde as palavras em si mesmas abrem possibilidades sequer sonhadas em um estado pré-verbal. Se concordarmos com Wittgenstein que a filosofia é uma batalha contra o enfeitiçamento da nossa inteligência pelas palavras, muito provavelmente chegaremos à conclusão de que, freqüentemente, a mitologia é uma condição de enfeitiçamento voluntário, e aderiremos ao ponto de vista de John Crowe Ransom: "os mitos são conceitos, nascidos da metáfora" (*The World's Body* [*O Corpo do Mundo*] [Nova York, 1938], p. 140).

Mitos e Ritos

Se o que havia no início não era a palavra, então seria o pensamento ou a ação? Quando E. B. Tylor estudou este problema num livro de amplo alcance sobre *Primitive Culture* (*Cultura Primitiva*) (Londres, 1871), ele admitiu a questão de Müller sobre a versatilidade da elaboração mitológica, mas insistiu na idéia de que os mitos surgiram originalmente da perspectiva ilógica que o homem primitivo tinha sobre o mundo que o rodeava. "No meu entender, o mito material é a formação primária, e o mito verbal é a formação secundária", ele escreveu (1873, vol. i, p. 299): no começo havia o pensamento, e o pensamento era analógico. Porém, suponhamos que o Fausto de Goethe esteja certo, apesar de tudo: podemos fugir desse velho e insolúvel problema da prioridade das palavras e dos pensamentos, dando prioridade à ação? A possibilidade foi explorada no livro de Robertson Smith sobre *The Religion of the Semites* (*A Religião dos Semitas*) (Edinburgo, 1889), que investiga a relação entre o ritual religioso e o dogma. "Em todas as religiões antigas", observa Smith, "a mitologia assume a posição do dogma", mas "esta mitologia não era parte essencial da religião da Antigüidade, porque não tinha aprovação sagrada, nem exercia força de obrigação sobre os veneradores" (1889, p. 18 e s.). Se esse for o caso, nem o verbalismo, nem o conteúdo de pensamento de um mito tem especial importância, pois tudo o que ele faz é registrar um ato ritual preexistente. "Na medida em que os mitos se resumem em explicações de ritos, o seu valor é completamente secundário, e pode afirmar-se com convicção que em quase todos os casos, o mito derivou do ritual, não o ritual do mito" (1889, p. 19). Se os rituais bíblicos são a fonte da mitologia bíblica, talvez devêssemos procurar a origem básica do mito no ritual elementar; neste caso, não existe lugar mais indicado para começar, do que entre o material reunido nos doze volumes de *The Golden Bough* (*O Ramo de Ouro*) (Londres, 1890-1915), de J. G. Frazer, dedicado a Robertson Smith com gratidão e admiração.

Agora que os antropólogos se dão ao trabalho (na realidade, não é trabalho nenhum) de mostrar-nos que *O Ramo de Ouro* é pouco mais do que um galho dourado – o seu estilo irremediavelmente ruskiniano dissimula deficiências de argumento e de interpretação – a grande obra de Frazer está consolidando a sua reputação de "a principal presença informativa e gênio tutelar para a imaginação mitopeica moderna" (Vickery, 1972, p. xii), e portanto está sendo aliviada da tensão imposta pela obrigação de ser concretamente exata. O que o não-especialista sabe sobre práticas rituais deriva em grande parte de Frazer e dos seus discípulos, cujos relatos de amor e morte num estado primitivo fazem com que esses assuntos pareçam invejavelmente importantes, invejavelmente dignificados. Quão agradável é fazer amor no campo, sabendo que se está assegurando a fertilidade dele mediante um ato de inseminação metéctica; que esplêndido o fato de não sentir culpa, nem medo do castigo, ao assassinar um rei na flor da mocidade, a fim de que o mundo circunvizinho não degenere na sua velhice. Como é simples e satisfatório achar tudo modelar, de acordo com a mudança de estação da primavera até o inverno, e do inverno até a primavera; do nascimento à morte, e da morte ao renascimento e à renovação. Assim, apesar de Frazer ter-se tornado mais evemerista do que ritualista no decorrer de suas pesquisas, *O Ramo de Ouro* fornece documentação suficiente para convencer um leitor atento de que o homem primitivo está profundamente preocupado com os ritos da primavera, e de que algum tipo de ritual da vegetação foi a atividade central da qual derivaram subseqüentemente todas as mitologias. E quando Arnold van Gennep publicou o seu estudo sobre as cerimônias da puberdade, *Les Rites de Passage* (*Os Ritos de Passagem*) (Paris, 1909), ele mostrou que o padrão do nascimento, da morte e do renascimento da vegetação era imitado em termos humanos, nos rituais pelos quais as crianças são submetidas a mortes simbólicas antes de renascer como adultos.

Hyman (1958) seguiu o curso da disseminação extraordinariamente ampla da hipótese do ritual depois que Jane Harrison a desenvolveu tão eruditamente em *Themis* (Cambridge, 1912), um livro que se propõe mostrar que a similaridade verbal entre *drama* e *dromenon* (rito) não é nada acidental. Foi aqui que Gilbert Murray apresentou pela primeira vez a sua celebrada reconstituição da forma transicional entre o ritual e a tragédia, forma ainda fossilizada nas *Bacantes* de Eurípedes. A única parte que nos diz respeito neste relato fascinante é a conseqüente e infeliz qualificação do mito como sendo o parente pobre do ritual. Os ritos, segundo Harrison, consistem "na coisa *feita*, o δρώμενον em si" e "na coisa *dita*, τὸ λεγόμενον", (1912, p. 42). "Para os gregos, um *mythos* era originalmente apenas uma coisa falada, proferida pela *boca*", e portanto meramente "o correlativo falado do rito feito, a coisa feita" (1912, p. 328). Nada mais? Ponderadas avaliações da interpretação ritualista do mito feitas por Kluckhohn (1942) e Fontenrose (1971) indicam várias formas de dissensão em relação a Harrison. Uma maneira de indagar a prioridade universal do ritual é localizar casos incontestáveis de mitos anteriores, como faz o próprio Kluckhohn, ao citar a Missa como exemplo de um ritual baseado numa lenda sagrada. Alternativamente, a definição do mito por Harrison pode ser julgada inadequada. Fontenrose, por exemplo, suspeita que os *mythoi* a que ela se refere sejam na realidade fórmulas verbais e não mitos, de maneira nenhuma, no sentido narrativo (1971, p. 53); Kirk acha que ela se enganou ao eliminar de sua definição do mito precisamente aqueles elementos que o separam do rito, como a fantasia, e a liberdade para desenvolver-se (1970, p. 25). Quando uma busca atenta de anomalias produz evidências de uma disjunção séria – rituais não acompanhados por mitos, e viceversa – os ritualistas preferem modificar a sua causa, antes que retirá-la; o mito deixa de ser proclamado a criança do ritual, e os dois tornam-se filhos do mesmo progenitor. A própria Harrison fez esse ajuste. Um velho entusiasmo pela estética de Roger Fry depurou a sua convicção de que tanto a arte quanto o ritual nascem do "desejo insatisfeito" (1913, pp. 26, 41); e na época da publicação da *Epilegomena to the Study of Greek Religion* (*Epilegômenos para o Estudo da Religião Grega*), ela estava na fase de acreditar que "a mitologia... surge, como o ritual, do desejo reprimido, insatisfeito" (1921, pp. 27 e s.). Assim, a posição moderada consiste em acreditar que o mito e o ritual "são a réplica um do outro; o mito existe no nível conceitual, e o ritual, no nível da ação" (Lévi-Strauss, 1963, p. 232). Acredita-se que o que brota emocionalmente do "desejo insatisfeito" de Harrison, ou intelectualmente da "idéia antecedente" de Herskovits (1958, p. 107), geralmente acaba sendo dramatizado, como um rito, ou narrado, como um mito. Isto demonstrou uma teoria muito atraente para numerosos escritores e assim chamados "críticos de mitos", alguns dos quais são mencionados mais adiante no capítulo quarto. "Você não imagina o quanto tirei desse livro *Ritual and Art* (*Ritual e Arte*)", disse D. H. Lawrence a um correspondente, em dezembro de 1913: "*é* uma boa idéia – apesar de ter sido escrito por uma professorinha". Agora que já sabemos alguma coisa acerca do que Lawrence aproveitou da popularização da teoria de Jane Harrison em *Ancient Art and Ritual* (*Arte e Ritual na Antigüidade*) (Londres, 1913), também estamos em condições de estimar o por quê de outros escritores terem tido as suas reservas. Pois um homem-de-letras tem muito a perder pela dissociação entre o mito e o ritual e as conseqüentes desigualdades sobre a divisão implícita do trabalho. "Na poesia, o rito é verbal", afirma Auden: "ele homenageia nomeando" (*The Dyer's Hand* [*A Mão do Tintureiro*] [Londres, 1963], p. 57). Mediante o desenvolvimento da onomatéia divina pela qual Adão deu nomes aos animais, e nomeou-os corretamente, um poeta pode ter a esperança de remediar a separação entre a palavra e a ação, e, reintegrando o mito ao ritual, poderá livrar-se da repulsa de uma falsa escolha.

As Interpretações Estruturalistas

A técnica estruturalista para analisar mitos desenvolveu-se a partir de uma distinção original – feita no *Cours de Linguistique Générale* (*Curso de Lingüística Geral*) (Genebra, 1916), por Ferdinand de Saussure – entre os critérios diacrônico e sincrônico para o estudo da linguagem. Dos dois, o critério mais familiar é o diacrônico ou histórico, do qual se infere que qualquer momento no tempo pode ser dividido em elementos constituintes, cada um dos quais é totalmente compreensível somente segundo o seu próprio passado individual. O tempo adquire a aparência de um cabo telefônico, com todos os fios enfeixados juntos, porém ligados individualmente a pontos diferentes no passado distante. Por outro lado, o critério sincrônico não leva em conta as histórias privadas dos elementos individuais; pelo contrário, ele põe em evidência a relação entre esses elementos a qualquer momento. Em vez de descascar o cabo telefônico do tempo para dele extrair alguns fios, ele é cortado transversalmente, para inspecionar-se a configuração formada pelas pontas cortadas. A lingüística sincrônica é como o jogo de xadrez, disse Saussure: você pode entrar em qualquer momento do jogo e entender perfeitamente o que está acontecendo; não é necessário saber onde estava cada peça antes de você chegar, porque o importante é a posição atual de cada peça em relação às outras.

Considerado do ponto de vista sincrônico, nenhum elemento isolado da linguagem consegue existir no isolamento, porque a sua identidade é determinada pelas relações que ele mantém com os demais elementos, e ele preserva essa identidade colocando-se em oposição aos elementos vizinhos. A redefinição da fonologia numa forma proposta por Saussure permitiu ao estudo diacrônico da fonética tornar-se autônoma do estudo sincrônico da fon*ê*mica. E a partir desta distinção lingüística entre a fon*ética* e a fon*êmica*, Kenneth L. Pike (1954), propôs um sistema de classificação para todos os campos de pesquisa, elaborado com base nas diferenças fundamentais entre "ético" (ou diacrônico) e o "êmico" (sincrônico). Hoje em dia, os resultados são visíveis em toda a parte. A importância de se estabelecer *unit-ideas* do "ético" na história-de-idéias diacrônica, cujo pioneiro foi Arthur O. Lovejoy, é desafiada hoje pela *archéologie du savoir* (arqueologia do saber) de Michel Foucault, que é fundada sobre a identificação dos *epistèmes* sincrônicos. Alan Dundes aconselha os folcloristas a procurarem além dos motivos diacrônicos, na sua busca de "motivemas" sincrônicos; Eugene Dorfman procura "narremas" na *Chanson de Roland* e no *Poema del Cid*, e Claude Lévi-Strauss procura "mitemas" nas mitologias dos índios sul-americanos.

As interpretações não-estruturalistas dos mitos do Velho Testamento são freqüentemente comparativas, e implicam a atomização (*sic*) do livro da Gênese em unidades do "ético" que tenham paralelo em outras culturas. Os eruditos que interpretam o relato do Jardim do Éden como uma variante hebraica do *topos* Paraíso Terreal não têm obrigação – em sua busca de análogos – de interessar-se profundamente pelas pesquisas de outros que estão estudando a narração da Criação na Gênese dentro do contexto das cosmogonias universais. Todavia, um estruturalista insistirá em tratar tanto o mito da Criação, quanto o mito do Éden, como unidades "êmicas" dessa totalidade que denominamos Gênese, com o propósito de identificar o homólogo da Gênese-como-um-todo, em vez de acumular análogos com partes separadas do mesmo, acabando num vasto *collage* "ético" como *The Golden Bough* (*O Ramo de Ouro*). "As verdadeiras unidades constituintes de um mito", adverte Lévi-Strauss, "não são as relações isoladas, senão *feixes dessas relações*, e somente como feixes essas relações podem ser postas em uso e combinadas para produzirem um significado" (1963, p. 211). Não importa quão arbitrários e excogitados sejam os elementos constituintes da Gênese na opinião dos eruditos da Bíblia (e Lévi-Strauss é mais inibido por tais considerações do que Edmund Leach), o nosso texto atual da Gênese constitui um todo estrutural; e o significado suposto desse todo poderá surpreender aqueles que estão acostumados a extrair significados de partes selecionadas "eticamente", em vez de conjuntos construídos "ematicamente". Portanto, quando Leach considera a Gênese de um modo que Lévi-Strauss prefere evitar, ele está mostrando como ela pode ser subdividida em conjuntos de oposições binárias, cada um com a sua própria categoria mediatária: exatamente da mesma maneira que o céu serve de medianeiro entre as águas que ficam acima do firmamento e as que ficam embaixo dele, Eva é a medianeira – colaboradora de Adão – entre o homem e a besta. Ao desmembrar o conteúdo de relatos separados para revelar os padrões esquemáticos desta ordem, o estruturalista poderá perceber que os seus mitemas excedem a sua função descritiva, engendrando possibilidades interpretativas que não são acessíveis aos leitores concentrados nas seqüências narrativas. A serpente da Gênese seria fêmea, por exemplo – como acreditaram os intérpretes misóginos da Bíblia durante muito tempo – ou fálica numa maneira freudiana? Aparentemente, nenhuma das duas, porque se a serpente é mediadora entre Adão e Eva – como afirma Leach – há grandes chances dela ser hermafrodita; infelizmente, a Bíblia não expressa opinião a esse respeito.

As análises de Leach dos mitos hebreus e gregos são especialmente corajosas, em virtude da noção muito difundida (originada por Paul Ricoeur) segundo a qual um estruturalista obtém resultados muito melhores mediante o exame dos mitos totêmicos das tribos primitivas, do que a partir das mitologias mais "civilizadas" dos povos semíticos e helenos. Lévi-Strauss é tão plausível em sua análise do conto ameríndio de Asdiwal, que é uma pena que um dos seus desempenhos mais medíocres – o mito de Édipo interpretado como uma pesquisa sobre as origens supostamente autóctones do homem – seja tão conspicuamente exposto como exemplo dos métodos estruturalistas para os estudantes (1963, pp. 213-217). Kirk, um simpatizante do classicismo, considera isso embaraçoso, e é fácil perceber o por quê, já que cada mordida na evidência crua tem distintamente gosto de cozido. Equiparar "Cadmo mata o Dragão" a "Édipo mata a Esfinge" provoca a objeção de Leach de que a Esfinge se suicida. Contudo, quando em outro contexto Leach diz que Orfeu salva Eurídice do Hades "por meio da música, mas perde-a por causa do silêncio" (1970, p. 68), parece perverso de sua parte não admitir que Orfeu a perde por ter quebrado o tabu que lhe proibia voltar-se para olhar para ela até que tivessem saído do Hades. Não é de admirar que Leach ache o mito de Orfeu "pesadamente carregado de antíteses binárias", se elas são fabricadas dessa maneira. Kirk, por outro lado, é atraído por esses métodos, mas analisa cuidadosamente as suas limitações. Revisionista confesso, por ocasiões ele trabalha ao contrário de Lévi-Strauss, estabelecendo primeiro o seu ponto médio e em seguida olhando em volta, à procura das polaridades que media. Indubitavelmente, bestas compostas, como os centauros ou os sátiros servem de mediadores entre reivindicações contrárias; assim como Pandora, que Hesíodo chamou de "um mal formoso" (*Teogonia*, 585). Às vezes, como no conto dos cíclopes, Kirk consegue entrever – através das trevas das reformas editoriais – uma clara oposição lévi-straussiana entre a Natureza e a Cultura.

A circularidade hermenêutica da análise estruturalista é um pouco importuna, na medida em que as mensagens tácitas dos mitos reveladas por Lévi-Strauss dão a impressão de serem constituídas pela hipótese binária por ele esboçada, a fim de explicá-las. "A finalidade do mito", ele escreve "é fornecer um modelo lógico capaz de vencer uma contradição" (1963, p. 229), talvez na forma pela qual *Paradise Lost* (*Paraíso Perdido*) tenta reconciliar a predestinação com o livre arbítrio. No entanto, se partirmos da hipótese de que os mitos tentam mediar as contradições da experiência humana, inevitavelmente estaremos categorizando os dados contidos nos mitos em afirmações, contra afirmações e compromissos: virgindade, maternidade e mães virgens; macho, fêmea e hermafrodita. Basicamente, a lógica das *mythologiques* de Lévi-Strauss é a tríade pseudo-hegeliana de tese, antítese e síntese; e apesar da afirmação de Leach de que "as oposições binárias são intrínsecas ao processo do pensamento humano" (1969, p. 9), ainda falta demonstrar que elas são tão características dos processos do pensamento não-europeu, quanto o são dos processos de pensamento europeus.

A colaboração de Lévi-Strauss com Roman Jakobson num estudo do soneto de Baudelaire "Gatos" surpreendeu, dado que, previamente, ele tinha feito uma distinção bastante acentuada entre poesia intraduzível e mito traduzível (1963, p. 210). Mas aqui estava Baudelaire, com um poema que realmente convidava à análise estrutural, com uma oposição binária já na primeira linha, entre amantes ardentes e sábios austeros (Yeats já dizia que jovens rapazes agitando-se em suas camas são completamente diferentes de eruditos que passam o tempo todo estudando) e um gato com aparência de esfinge que media amavelmente uma *coincidentia oppositorum*. Com todo esse incentivo, ele e Jakobson desmantelam e montam o poema repetidas vezes, empilhando as peças de várias formas diferentes. O que distingue a sua interpretação de Baudelaire da nossa é a sua engenhosa demonstração (excessivamente engenhosa, diria Riffaterre), de que a macroestrutura visível do poema repete-se inconscientemente várias vezes na microestrutura dos esquemas da rima, na sintaxe, no gênero, e assim por diante. Esta é a dimensão "mítica" do poema, como a entende Lévi-Strauss, uma vez que "a função da repetição é tornar aparente a estrutura do mito" (1963, p. 229). Desta vez, no entanto, a análise "êmica" não provoca surpresa. Jakobson e Lévi-Strauss dizem somente o que nós já sabemos, mas o dizem muito mais detalhadamente do que jamais poderíamos supor, ou do que realmente é necessário. Se de fato Baudelaire criou inconscientemente em seu soneto um conjunto de microestruturas das quais nós – seus leitores – estamos igualmente inconscientes, em que sentido pode dizer-se que elas existem? O estruturalismo distingüe-se por fornecer uma explicação puramente analítica do mito, que difere de todas as demais aqui consideradas por não abrir nenhuma nova dimensão para o escritor experimentado, cuja incessante fascinação pela mitologia é o nosso próximo assunto.

2. MITOS E ESCRITORES

A Mitologia como Herança

"A fábula é o patrimônio das artes", escreveu Nicolas Fréret; "ela é uma fonte inexaurível de idéias engenhosas, imagens agradáveis, temas interessantes, alegorias e símbolos" (Feldman & Richardson, 1972, p. 96). Como tal, ela tem alguma coisa para oferecer a todo o mundo. Não somente ela proporciona material pronto para que os poetastros rabisquem seus nomes sobre ela, como também incita *bricoleurs* mais talentosos, como Spenser ou Johnson, a construírem novas estruturas a partir de pontas e pedaços salvos de mitos muito díspares. Enquanto os moralistas vêem a soberba anunciando a queda no conto de Faetonte, os sensualistas contribuem com detalhes lúbricos às descrições da estátua de Pigmalião, e inventam esses poemas narrativos erótico-mitológicos, atualmente denominados *epyllia*, dos quais *Hero and Leander* (*Hero e Leandro*), de Marlowe, e *Venus and Adonis* (*Vênus e Adônis*), de Shakespeare, são os exemplos mais conhecidos (Donno). *Fay ce que vouldras* (*Faça o que quiser*) é o *motto* rabelaisiano. Você tem liberdade para inventar os seus próprios mitos, ao longo das linhas daqueles encontrados em Ovídio, como fez Marlowe quando teve a sua heroína cortejada por Apolo em *Hero e Leandro* (1593); ou você pode aspirar a estabelecer a pureza do registro, "corrigindo" algum mito famoso, como William Browne, que achava que Narciso definhou até a morte após ter olhado o rosto de algum outro rapaz formoso (*Britannia's Pastorals* [*Pastorais da Inglaterra*], i [1613], ii, ll. 411 e ss.). Você exibe a sua originalidade exercendo a ingenuidade, ao descobrir novas maneiras de escrever sobre velhos mitos. Agindo em meio a uma rede de alusões compartilhadas pelos leitores educados, você pode passar por cima do explícito, para dedicar-se a explorar o tácito e o irônico. A Eva não-decaída de Milton reinterpreta a paixão louca por si mesmo de Narciso diante de uma poça, apesar de que o nome de Narciso nunca é mencionado (*Paraíso Perdido*, iv. 460 e ss.); e quando ela é comparada de passagem a Pandora (iv. 714), nós mesmos chegamos à conclusão correta e ominosa. Ou, pelo menos, era uma vez, tudo costumava ser assim...

Apesar de que escritores importantes como Spenser e Milton eram imensamente instruídos, a composição e a interpretação da literatura mitológica não eram tão minuciosas como podia parecer. Além das famosas traduções de Ovídio por Arthur Golding (1565-1567) e George Sandys (1632), e de Homero por George Chapman (1611-1615), havia muitos manuais sobre mitologia que forneciam atalhos para se chegar à erudição: *De Genealogia Deorum* (*Sobre a Genealogia dos Deuses*), de Boccaccio (Veneza, 1472); *De Deis Gentium*, de Lilio Giraldi (Basiléia, 1548); *Mythologiae*, de Natale Conti (Veneza, 1567); e *Le Imagini colla Sposizione degli Dei degli Antichi* (*As Imagens com a Exposição dos Deuses da Antigüidade*), de Vincenzo Cartari (Veneza, 1556), que foi abreviado e adaptado para o inglês por Robert Lynche, como *The Fountain of Ancient Fiction* (*A Fonte da Ficção da Antigüidade*) (Londres, 1599). Um comentário rabugento feito por John Lydgate no *Siege of Thebes* (*Sítio de Tebas*), no começo do século XV, revela um desconforto em relação a esses livros tão incontestavelmente úteis que se apropriam antecipadamente da tarefa do escritor:

> De Licurgo não obtereis mais nada de mim.
> Mas a verdade se quereis verificar
> Lede *Dos Deuses a Genealogia*...*
>
> (11.356 e ss.)

E dois séculos e meio mais tarde, Robert Lloyd ainda zombava de "The Poetry Professors" ("Os Professores de Poesia") pela sua dependência servil dos manuais mitológicos por "Fabricius, Cooper, Calepine/Ainsworthius, Faber, Constantine" (*Poetical Works* [*Obras Poéticas*] [Londres, 1774] i, 36). John Marston fez questão de declarar, em 1598, que um obscuro poema reunido mediante a ajuda de Conti ou Cartari é mais fácil de perscrutar consultando os seus livros ("Satire ii") – que é precisamente o que fizeram eruditos como Gombrich e Seznec, ao desemaranhar algumas das tramas complexas da arte e da literatura do Renascimento. Não obstante, a influência dos manuais mitológicos sobre os escritores e os artistas – por mais provável que seja – é difícil de provar, visto que ninguém admite ter utilizado empréstimos dessas obras (Steadman, 1972, p. 27). Starnes e Talbert tentaram estabelecer que até mesmo os dicionários escolares (como o *Dictionarium Historicum ac Poeticum* [Paris, 1553] de Charles Estienne [Stephanus], ou o *Thesaurus Linguae Romanae & Britannicae* [Londres, 1565], de Thomas Cooper) contribuíram tanto para a fraseologia quanto para o conteúdo dos principais poemas e peças do Renascimento. O seu valioso livro apresenta as deficiências habituais dos estudos de fontes de informações; e – apesar deles terem procurado sensatamente fontes de infor-

---

* *Of Lycurgus you get no more of me.*
But the truth if you list verify.
Read Of Gods the Genealogy...

mação nos manuais consultados metodicamente por todo o mundo – até mesmo os surpreendentes paralelos que aduzem permanecem inconcludentes, por causa da natureza comum do material. Se, aparentemente, "E.K." está citando Cooper textualmente, quando se refere a Flora, a deusa das flores, como uma prostituta famosa, temos de lembrar que *Flora meretrix* também figura notoriamente no livro de Boccaccio sobre mulheres famosas, assim como em outros manuais mitológicos do mesmo período (Held, 1961, p. 210). Mas não deixa de ser surpreendente o fato de chegarmos a saber que quase todos os detalhes do erudito – na aparência – *Masque of Augurs* (1621-1622) (*Máscaras dos Áugures*) era fácil de obter em tais obras.

No apogeu da mitomania do Renascimento, a imediação era muito apreciada. Mesmo que Jonson tentasse a reconstrução histórica dos costumes do matrimônio romano em *Hymenaei* (1606), e que Landor aspirasse mais tarde a escrever "helênicas" (1846) – pretendendo dar a impressão de terem sido escritas por um grego da Antigüidade – o consenso das opiniões era mais a favor do procedimento oposto. Os bons escritores pretendiam familiarizar o leitor com a mitologia clássica de modo tão bem-sucedido, que ela pudesse fundir-se com um cenário inglês com a mesma facilidade que as dríades e os faunos esvoaçam através do poema "To Penshurst" de Jonson. Os anacronismos contribuíram para criar a ilusão de que os mitos não são apenas contos renarrados, mas realidades vividas; o leque de Hero e as luvas que ela nunca usa ajudam a transportar o *epyllion* de Marlowe, dos mundos perdidos de Musaeus e Ovídio, até o aqui e agora elisabetano. Um abismo separa a medievalização de textos clássicos feita por Chaucer em *Troilus and Creseyde* (*Troilo e Creseida*) (que na época era "moderna") da medievalização na *The Story of Orpheus and Eurydice* (*O Conto de Orfeu e Eurídice*) (1865-1870), de William Morris, que era esquisita, antes de tudo. No seu aspecto político, imediação significa relevância. As tergiversações de *Samson Agonistes* (*Sansão Agonístico*) (1671) fazem da peça de Milton um comentário sobre a Guerra Civil e as suas conseqüências, tanto como um embelezamento do Livro dos Juízes; e o assunto de Tróia adquiriu nova importância durante aquela década baixa e desonesta na qual Jean Giraudoux escreveu *La Guerre de Troie n'Aura pas Lieu* (1935) (*A Guerra de Tróia não Acontecerá*). Os mitos são maleáveis. O que T. S. Eliot faz com o mito de Orestes em *The Family Reunion* (1939) (*A Reunião Familiar*) é muito diferente do que Jean-Paul Sartre faz dele em *Les Mouches* (1943) (*As Moscas*), mas de nada adianta tentar decidir qual dos dois tem o melhor discernimento de Orestes. A mudança – sob forma de malentendidos criativos – é o que mantém os mitos vivos. Até algo tão radicalmente iconotrópico como o *Apocalypse* (*Apocalipse*) (Londres, 1932), de D. H. Lawrence – que avalia a Revelação de São João à luz de novos princípios, transformando a Besta de Sete Cabeças num dragão com posição positiva perante a vida – tem a virtude de remitificar textos básicos, exatamente ao pô-los em pé. Os mitos podem suportar quase todos os tipos de tratamento, com exceção da indiferença ou da solicitude da sabedoria histórica, dado que tão logo a paixão pela exatidão se instala e as pessoas começam a apontar "erros" ou "impurezas medievais" na "mitologia de Spenser" (*sic*), o cenário literário fica atravancado do que Bush denominou "reproduções do antigo em gesso" (1937, p. 529). A indiferença calculada, obviamente, é mais imediata e eficazmente corrosiva.

O Iluminismo e a "Demitologização"

Ocasionalmente, são feitas tentativas de erradicação da mitologia, alegando-se que estaríamos muito melhor sem ela. Sempre que ocorre um iluminismo desses, os mitos são tidos como algum tanto infantis, indubitavelmente *passé* e bastante falsos. Dediquemo-nos primeiro à última acusação.

Podemos ler na *History of the Royal Society* (*História da Sociedade Real*) (Londres, 1667) de Thomas Sprat, de que maneira a mitologia clássica foi sendo degradada, à medida que as ciências naturais iam ganhando prestígio no século XVII. "A inteligência viva das fábulas e religiões do mundo antigo está quase acabada", escreve Sprat. "Elas já prestaram serviço aos poetas durante muito tempo, e já está na hora de descartá-las" (p. 413). O que preocupa Sprat não é o aspecto ornamental da mitologia clássica, senão o fato dela perpetuar falsidades. Sprat contesta o argumento shakespeariano de que a poesia mais verdadeira seja a mais enganosa, afirmando que "a verdade nunca é tão bem expressada ou amplificada quanto por aqueles ornamentos que são verdadeiros e reais em si mesmos"; e ele manifesta a esperança de que, no futuro, os escritores colaborem com o esforço do iluminismo, restringindo as suas atividades ao embelezamento das verdades verificáveis (que, incidentalmente, assegurarão que as suas composições não sofram o destino das obras clássicas: as pesquisas científicas tornaram-nas obsoletas). Na época, este apelo sofístico à razão foi reforçado por um apelo igualmente insincero à experiência comum, que confirmava que nenhum escritor moderno jamais tinha visto uma fada céltica, para não dizer uma deusa grega; pois as ninfas tinham partido muito tempo antes, sem deixar endereço. As fadas tinham abundado, pela última vez, nos dias de Mary Tudor, escreveu Richard Corbet em "The Fairies' Farewell" ("A Despedida das Fadas"):

> Mas, depois da falecida Elisabete,
>   E mais tarde, entrou Jaime,
> Nunca mais dançaram sobre nenhuma charneca
>   Como naquele tempo quando o faziam*.

Os racionalistas hobbesianos de fé protestante podiam regozijar-se porque a marcha da mente tinha eliminado um despropósito tão supersticioso, mas aos preservacionistas só restava lamentar o desaparecimento de uma espécie. "Não há dríades em Hyde Park", nota Peacock, "nem náiades no Regent's Canal" (*The Four Ages of Poetry* [*As Quatro Eras*

---

* *But, since of late Elizabeth,*
    And later, James came in,
They never danced on any heath
    As when the time hath been

64

da Poesia], 1819). Com a Natureza Selvagem sendo metodizada pelos paisagistas, ou amestrada pelos industriais, os velhos deuses não tinham para onde ir. Nenhuma deidade com amor próprio deveria viver numa floresta "onde a única inscrição não é *Genio loci* mas 'invasores sujeitos a processo' "; o Sr. Falconer queixa-se na novela de Peacock *Gryll Grange* (*A Granja Gryll*) (1861, cap. 9): "não pode haver nenhuma náiade num rio que aciona um engenho de algodão; nenhuma oréade num estreito vale montanhoso, onde o trem deposita uma carga de vândalos; nem nereidas ou oceânides ao longo da costa, onde um guarda costeiro está à espreita de contrabandistas". Um Karl Marx mais refletido, mobilizado além da mera indignação por tais cenas, observou como todas as criações imaginativas tornam-se redundantes por causa das inovações tecnológicas: poderia tirar-se outra conclusão do fato do trovão de Júpiter ter ficado inofensivo por causa do pára-raios, e do veloz Hermes ter ficado inevitavelmente preso na logomarca do *Crédit Mobilier* (*Critique of Political Economy* [*Crítica de Economia Política*] minuta de 1857, seção 4)?

Aqueles que menoscabaram as reivindicações da mitologia pagã em estabelecer uma verdade podiam contar, de um modo geral, com o apoio cristão, uma vez que a Igreja sempre sustentou que a um pagão, por mais inteligente que seja, é negada a luz da revelação cristã e portanto ele nunca poderá adquirir os discernimentos que são conferidos somente pela graça divina. A proximidade da verdade "verificável" (no sentido de Sprat) da verdade "revelada" (no sentido cristão) aparece com grande clareza através das palavras com as quais um admirador dos procedimentos da Royal Society, Abraham Cowley, prefacia seu *Davideis* (1668): ele pede a Deus que

> Liberte os encantos encerrados nas pequenas fábulas,
> E ensine que a Verdade é a poesia mais verdadeira*.

* *T'unbind the charms that in slight fables lie,*
  And teach that Truth is truest poesy.

O *Davideis* era parte de um esforço ambicioso e muito difundido, no sentido de demonstrar que uma literatura moderna baseada na Bíblia – que é verdadeira – tem boas chances de superar literaturas da Antigüidade baseadas em mitologias pagãs, que são falsas. Milton podia sentir-se seguro de que o próprio tema de *Paraíso Perdido* era "não menos senão mais heróico" (ix. 14) do que o da *Ilíada*, ou da *Eneida*; e Joseph Beaumont esperava que o seu assustador poema sobre a relação entre Cristo e a Alma, *Psiche* (1648), mostrasse "que um tema divino é tão capaz e tão feliz como objeto de ornamento poético, quanto qualquer invenção pagã ou humana". Um programa para desempenhos desse tipo tinha-se desenvolvido durante uma moda anterior de paródias sagradas (como os poemas do "Jordão" de George Herbert) que permitem a retenção da retórica clássica, mas não do ornamento clássico, desafiando os escritores a fazerem estimativas bíblicas sobre a fauna e a flora dos lugares clássicos. Algumas estrofes anônimas em louvor a *Theophila* (*Teófila*) (1652) de Edward Benlowes especificam o credo *contrafactum* sem enfeites e inequivocamente:

> A Musa de um poeta consagrado é a Tua Pomba Sagrada.
> O Parnaso, a Tua altura empírea no céu.
> O Seu sublime-arrojado Pégaso, o amor de Cristo.
> A chuva de Graça do Paraíso é a sua fonte de Castália*.

É fácil substituir Deucalião por Noé numa estética desse tipo, e Hércules por Sansão. "Todas as transformações dos deuses podem", pergunta Cowley, "dar sugestões tão ricas para florear um discurso com flores de eloqüência e discorrer largamente, como os verdadeiros milagres de Cristo, ou dos seus profetas e apóstolos?" (prefácio de *Works* [*Obras*], 1668). Assim aconteceu, a ciência e a religião uniram-se

---

* *A hallowed poet's Muse in th'Holy Dove.*
Parnassus th'empyrean height above.
His lofty-soaring Pegasus Christ's love.
Heaven's shower of Grace is his Castalian spring.

numa trégua incômoda, para denunciar a falsidade da mitologia pagã.

Outro ponto geralmente enfatizado pela crítica do iluminismo é que, por maior que tenha sido o potencial literário da mitologia outrora, ele se consumiu devido à utilização excessiva: a mitologia clássica, concluiria Coleridge, é "uma mitologia desacreditada" (*Biographia Literaria* [Londres, 1817], cap. 18). Ironicamente, o sistema educacional – que familiarizou os leitores com os conhecimentos mitológicos dos quais depende a capacidade de ler os clássicos – teve o efeito colateral de tornar os mitos escolhidos excessivamente familiares, desgastando-os até transformá-los em clichês. Tanto os escritores quanto os leitores eram sensíveis ao problema. As pessoas dedicadas à interminável tarefa de modernizar a literatura devem inevitavelmente considerar o *myth-kitty* (termo de Philip Larkin, aproximando o mito a uma aposta de jogo) como bagagem excessiva: ignorá-la é uma virtude. Thomas Carew, em sua grande elegia ao Deão de São Paulo (1633), aplaude a temperança de Donne por não ter folheado as *Metamorfoses* de Ovídio ou por não ter contraído na "época mesquinha, falida" na qual viveu uma dívida ainda maior para com os autores clássicos da Antigüidade. A metáfora bancária surge novamente quando Walt Whitman imagina uma poesia do mundo-novo, livre das mitologias do mundo-velho ("Song of the Exposition", ii) ("Canção da Exposição"):

> Vem, Musa emigrada da Grécia e da Jônia,
> Cancela, por favor, aquelas contas pagas imensamente além do devido,
> O tema de Tróia e da ira de Aquiles, e das perambulações de Ulisses e de Enéias,
> Afixa cartazes de "Mudou-se" e "Aluga-se" sobre as rochas do teu Parnaso nevado...
> Porque deves saber que uma esfera melhor, mais fresca, mais ativa, um domínio amplo e nunca experimentado te espera, te exige*.

* *Come Muse migrate from Greece and Ionia,*
 Cross out please those immensely overpaid accounts,
 That matter of Troy and Achilles' wrath, and Aeneas',
  Odysseus' wanderings,

Rupert Brooke teria dito que era mais fácil para Whitman, do que para um poeta inglês, tentar o sucesso sem utilizar a mitologia clássica, porque Whitman tinha a vantagem de viver naquele lugar abandonado por Deus, a América, onde "o bordo e a bétula não escondem dríades, e Pã nunca foi escutado no meio [dos] leitos de juncos" (*Letters from America* [*Cartas da América*] [Londres, 1916], p. 155).

Wordsworth publicou uma nota esclarecedora em sua *Ode to Lycoris* (*Ode a Lycoris*) (1817), onde explica como "o uso vulgar e sem-vida daquilo em que se transformou a mitologia perto do final do século XVII" o inibiu de introduzir alusões clássicas à sua poesia anterior (esta, suponho eu, seria a sua resposta à acusação feita por Byron em *Don Juan* [iii, 99] de que a razão pela qual Wordsworth não fez referência ao carro de Carlos ou ao dragão de Medéia em *The Waggoners* [*Os Carroceiros*] é que tais referências eram "clássicas demais para o seu cérebro vulgar"). Mas agora, em 1817, Wordsworth sente que, novamente, a situação está melhorando, tanto assim, que a velha mitologia – se aliada ao "sentimento real" – tornou-se visível outra vez. Os leitores desgastados confirmaram a apreensão dos escritores de que os temas mitológicos tinham ficado irredimivelmente antiquados no século XVIII. "A atenção afasta-se naturalmente de um novo relato sobre Vênus, Diana e Minerva", confessou Johnson ao escrever sobre John Gay em *The Lives of the Poets* (*As Vidas dos Poetas*) (Londres, 1781), e em sua crítica do *Ulisses* de Nicholas Rowe (1706), ele revelou que a insatisfação augustana com a mitologia clássica foi estimulada por um conservantismo inflexível, que eliminou o único remédio possível. "Conhecemos os heróis poéticos cedo demais", ele escreve, "para esperar qualquer prazer derivado de sua revivificação: mostrá-los como já foram mostrados antes é causar fastio pela repetição; atribuir-lhes novas qualidades ou novas aventuras

> Placard 'Removed' and 'To Let' on the rocks of your
> snowy Parnassus...
> For know a better, fresher, busier sphere, a wide,
> untried domain awaits, demands you.

é ofender pela violação das noções recebidas". Ou seja, a mitologia é enfadonha, mas seria indecoroso tentar torná-la menos enfadonha. Este é um dos motivos pelos quais Addison foi levado a publicar um decreto paródico proibindo que o poeta moderno invocasse qualquer deus ou deusa (*Spectator* [*Espectador*], 30 de outubro de 1712). Porque um poema "deveria encerrar todas as cores da verdade", os escritores deveriam abster-se de todas as falsidades pagãs e lembrar que "nada é mais ridículo do que recorrer aos nossos Júpiters e às nossas Junos". As autoras estão isentas do decreto de Addison, dado que, de qualquer maneira, elas fazem o que querem; também estão eximidos os alunos, que podem utilizar os mitos como treino, ao aprender a arte da composição. No entanto, quando um rapaz se torna homem, espera-se que ele deixe de lado esses brinquedos infantis, porque brincar com a mitologia pagã é "imperdoável num poeta maior de dezesseis anos de idade".

Addison desacreditou o mito qualificando-o de infantil. Isto tipifica a atitude do iluminismo, visto que é característico da mente racional conferir maturidade às suas próprias obras e achar diversos graus de imaturidade nos hábitos mentais alternativos. Considera-se o mito inútil, exceto para os intelectualmente fracos, que nunca chegarão ao grau cartesiano. Spinoza, por exemplo, nunca duvidou que a mitologia hebréia tivesse sido inventada para "as massas cujo intelecto não é capaz de perceber coisas com clareza e distintamente" (*Tractatus Theologico-Politicus* [1670], cap. 5). No esquema progressivo das coisas, a história é o registro evolutivo de tentativas largamente malogradas destinadas a atingir a perfeição racional, com a duração provável da vida humana fornecendo um modelo conceitual ao processo. Não são poucos os esquemas que distinguem três fases na evolução da consciência das luzes, e invariavelmente, a primeira fase é o Período do Mito ou da Fábula, que retrocede até a "infância" da raça humana, antes das pessoas aprenderem a pensar conceitualmente e expressar-se analiticamente. O esquema tripartido pelo qual Frazer optou em *The Golden Bough* (*O Ramo de Ouro*) (1890-1915) é uma seqüência evolucionária que começa por uma era de Magia e passa através de um período de Religião, chegando à idade final, que é a da Ciência; e coube a Freud sintetizar este esquema frazeriano da evolução cultural com a sua própria teoria sobre o modo pelo qual se desenvolve a personalidade individual. Os resultados foram publicados em *Totem and Taboo* (*Totem e Tabu*) (1913). Aqui, oferece-se uma ampla teoria psicocultural da evolução humana, que é uma obra-prima da propaganda do iluminismo. Cada era do esquema de Frazer impõe a sua correspondente visão-do-mundo, ou *Weltanschauung*, que Freud equipara então a determinadas fases do desenvolvimento da libido, uma delas especialmente inventada para a ocasião. Os resultados são mais visíveis em diagrama.

Fase	Weltanschauung (Frazer)	Estágio da Libido (Freud)	Período da Vida Humana
1	animística/mitológica	narcisismo	1a. infância
2	religiosa	escolha pelo primeiro objeto (pai/mãe)	2a. infância
3	científica	escolha pelo segundo objeto (realidade externa)	maturidade

Psicologicamente, os neuróticos nunca chegam além do princípio do prazer e, portanto, nunca enfrentam a realidade na fase três; culturalmente, também não o fazem os "selvagens" (Frazer e Freud aplicam este termo habitualmente a todos os povos primitivos, sem nenhum constrangimento). A faculdade de fazer mitos é verdadeiramente infantil, como de fato o são os selvagens, no modo de ver dos imperialistas paternalistas. E a presença de uma faculdade de fazer mitos no homem do século XX deve ser interpretada como um vestígio arcaico de alguma fase aborígine da consciência humana, ou como prova de desenvolvimento psicológico reprimido. Os artistas modernos são primitivos (alguns deles são, de fato, conhecidos como primitivistas) ou neuróticos (os surrealistas, como Dali, também receberam este rótulo); as pessoas maduras, é claro, deveriam tentar não ser nenhuma das duas coisas. Entre as muitas presunções ocultas nesta área de especulação está a atualmente desacreditada teoria biológica da recapitulação que os evolucionistas obtiveram de Ernst Haeckel, e habitualmente encontrada pelos estudantes literários, sob forma embrionária, no *Religio Medici* (1643, i. 34), de Sir Thomas Browne. Segundo a teoria da recapitulação, o desenvolvimento de um feto humano, desde a concepção até o nascimento, recapitula os diversos estágios da evolução do *Homo sapiens*: em poucas palavras, a ontogenia recapitula a filogenia. "Aconteceu alguma coisa na vida da espécie humana", Freud escreveria mais tarde em *Moses and Monotheism* (*Moisés e o Monoteísmo*) (1939), "similar ao que acontece na vida dos indivíduos" (*CPW*), vol. xxiii, p. 80). Sendo produto de processos recapitulativos, o homem moderno poderia regredir facilmente para o selvagismo do qual ele emergiu tão recentemente, a menos que tomasse o cuidado de evitar modelos ancestrais de comportamento. Nesses termos, um escritor moderno que cultiva a consciência mítica é uma espécie de regressão evolucionária, um fóssil vivo, talvez até (na opinião desse reacionário histérico, Max Nordau) um degenerado psicopatológico. Não é difícil imaginar o que Nordau (ou Freud, no que diz respeito ao assunto) teriam pensado da exploração feita por Thomas Mann do paradoxo recapitulativo segundo o qual "na vida da raça humana, o mítico é um estágio antigo e primitivo, ao passo que na vida do indivíduo, ele é um estágio tardio e maduro" (*Essays of Three Decades* [*Ensaios de Três Décadas*] [Londres, 1947], p. 422). Aqui, Mann aproxima-se da posição antifreudiana assumida por Jung, que acreditava que os mitos são "o produto mais maduro da jovem humanidade" (*CW*, vol. v, p. 24). Quando os escritores percebem que não devem pretender crescer para fora do mito, senão crescer aproximando-se dele, o romantismo triunfa, e mais uma vez, a criança torna-se pai do homem. Na evocação das origens dionisíacas da tragédia grega feita por Friedrich Nietzsche, podemos ver o desprezo iluminista pelo primitivo transformado em admiração romântica. *The Birth of Tragedy* (*O Nascimento da Tragédia*) (1872) trata o homem socrático como um erro da evolução; e quando isto acontece, os poderes mitopeicos do poeta aparecerão, com toda certeza, como uma sobrevivência verdadeiramente milagrosa pela qual deveríamos ser muitíssimo gratos.

Existe uma opinião persistente de que o mito está estreitamente – embora obscuramente – ligado à literatura; tanto assim, que o destino de um está amarrado ao de outro, engendrando apreensões quanto ao futuro da literatura, sempre que se instala um fascínio pela demitologização. "A mitologia e a poesia formam uma unidade, e são inseparáveis", escreveu Schlegel (1800, p. 82); e se somos levados a concordar com ele é porque, em grande parte, os europeus geralmente concebem a mitologia como um fenômeno exclusivamente greco-romano, e deixam de perceber que a mitologia greco-romana é preservada numa forma literária altamente sofisticada. Os folcloristas salientam que, na realidade, o que achamos em Eurípedes ou em Ovídio não é mitologia, mas literatura feita a partir de mitos, literatura feita por artesãos que falsificam artisticamente os mitos a fim de criar alguma coisa que – em sua forma estabilizada e codificada – está bastante distante do que o antropólogo encontra em seu trabalho científico de campo. Dizer a um folclorista que a maior importância dos mitos radica no fato deles serem a matéria-prima da literatura, equivale a dizer a um crítico literário que os romances são importantes na qualidade de matérias-primas para filmes. A comunidade literária está habituada a considerar a versão mais artisticamente acabada de um mito como sendo de algum modo típica da mitologia no que ela tem de melhor, menoscabando qualquer outra coisa, como se fosse mero barbarismo; por isto, ela não gosta nem um pouco dos pesquisadores, que sondam as origens pré-literárias do mito, produzindo revelações do tipo: em sua origem, Penélope era uma pata listrada de púrpura (Farnell, 1919, p. 41). Em vez disso, os mitos são tidos como obras de literatura, em virtude de serem obras da imaginação, reconhecidamente anônimas e coletivistas, mas não por isso menos imaginativas. "A maior obra de ficção: a mitologia grega" é o adágio de um conhecedor da ficção suprema, Wallace Stevens. Os defensores deste ponto de vista costumam enfatizar que, estruturalmente, a metáfora é a base comum ao mito e à literatura, apesar de discordarem sobre a questão da gênese. Uma metáfora é um mito condensado, ou um mito é uma metáfora inflada? Vico estava inclinado a pensar que "toda metáfora... é uma fábula em poucas palavras" (*Scienza Nuova* [*Ciência Nova*] [1725-1744], p. 116), o que coincide com a idéia que Emerson tinha da linguagem enquanto "poesia fóssil" ("The Poet" ["O Poeta"], 1844) em que cada palavra resulta ser um "poema petrificado", quando passa pela inspeção de Max Müller (*Biographies of Words* [*Biografias das Palavras*] [Londres, 1888], p. x). Outros, como Otto Rank (*Art and Artist* [*Arte e Artistas*] [Nova York, 1932, pp. 207-231), consideram os mitos como o produto das metáforas que foram tomadas em sentido literal – "conceitos nascidos de metáforas" como o expressa Ransom (vide a cima, p. 49). E ainda há aqueles, como Northrop Frye, que tiram de Aristóteles a sua definição do mito como enredo, e prosseguem com base na suposição de que "o mito é um elemento estrutural na literatura, porque a literatura como um todo é uma mitologia 'deslocada' " (1963, p. 1). Nenhum deles questiona a afinidade básica entre o mito e a literatura, apesar de que poucos aceitariam sem reservas as árvores genealógicas espúrias que às vezes encontramos, e que seguem o curso dos "deslocamentos" sucessivos mediante os quais o mito tornou-se literatura através de formas intermediárias como lendas, contos de fadas, contos populares, baladas, e assim por diante.

Enquanto os formalistas procuram as origens do mito na metáfora, os afetivistas (que acham que o modo da pessoa reagir é um indício seguro do seu caráter) tentam fazer uma ponte entre o mito e a literatura argumentando que elas possuem os mesmos fascínios de oratória. Aqui, freqüentemente, encontramos boa quantidade de prestidigitações com esse termo nebuloso que é *mana* (maná), que R. H. Codrington introduziu em seu livro sobre *The Melanesians* (*Os Melanésios*) (Oxford, 1891) e que parece encerrar a crença numa força sobrenatural existente em algum objeto ou pessoa por meio dela privilegiada (Capell). Chase informa que "o mito é literatura que cobre o natural com eficácia sobrenatural" (1949, p. 78); Holloway vê em *maná* "a idéia do trabalho imaginativo como uma fonte de poder (uma idéia confirmada... pelos efeitos do trabalho)" (1960, p. 127). Livremente usado na crítica dos mitos, *maná* é um termo honorífico atribuído a livros selecionados, como um dispositivo de sinalização para as pessoas que cultivam o *mysterium tremendum*, e tremem de sabedoria ao ler.

Geralmente, os que enfatizam as diferenças entre os mitos e a literatura pensam em termos de categorias de forma e conteúdo. "O mito e o poema diferem nisto", escreve Herbert Read, "o mito persiste em virtude de suas *imagens*, e essas imagens podem ser expressas por meio dos símbolos verbais de qualquer linguagem... Mas um poema persiste em virtude de sua *linguagem*; a sua essência pertence a essa linguagem, e não pode ser traduzida" (1938, p. 178). Se o mesmo mito pode ser apresentado tão bem num quadro quanto num poema, existem motivos para opinar, como C. S. Lewis, que os mitos são completamente extraliterários, e que "o valor do mito não é um valor especificamente literário, do mesmo modo que a apreciação do mito não é uma experiência especificamente literária" (1961, p. 46). Para Lewis, os eventos registrados pelos mitos são mais importantes que as formas que os registram; é o que se pode esperar que um cristão diga em defesa do Evangelho. Enquanto que um antropólogo como Lévi-Strauss reconhece prontamente que "o mito consiste em todas as suas versões" (1963, p. 217), os críticos literários são muito mais difíceis de contentar, e não consideram o *Fausto* de Goethe (1832) como uma versão opcional da *Tragical History of Doctor Faustus* (*História Trágica do Doutor Fausto*) (1588) de Marlowe. Um mito é um processo aberto; uma obra literária é um produto fechado. Todos podem contribuir com um pedacinho para o mito, mas são obrigados a respeitar a integridade original de um poema ou peça. A falha (ou a recusa) na compreensão deste aspecto provoca controvérsias como a causada, nos anos sessenta, pelas produções de Zeffirelli inspiradas em Kott, que tratavam as peças de Shakespeare como mitos, em vez de textos, e expulsaram o Shakespeare dos eruditos, para ceder espaço a Shakespeare, nosso contemporâneo.

Ninguém provou ainda que a literatura é ou não é mito. Também ninguém foi capaz de resolver a diferença de ênfase entre "o mito é a subestrutura indispensável à poesia" (Mark Schorer) e "a poesia é a subestrutura indispensável ao mito" (Richard Chase) (1949, p. 109). Quando um crítico da distinção feita por Chase resolve desdizer-se (1957) da opinião que defendia inicialmente em toda a extensão de seu livro, é provável que adotemos a posição de consenso de Malinowski, quando escreveu que "o mito contém germes da epopéia, do romance e da tragédia posteriores" (1926, p. 118). Para ele, assim como para Vickery (1966, p. ix), o mito é "a matriz da qual emerge a literatura, tanto histórica, quanto psicologicamente".

Uma literatura que esteja no processo de demitologização avançará, durante algum tempo, impulsionada pelo *momentum* acumulado por mitologias anteriores, na medida em que o que foi adquirido pelos nossos antepassados imediatos pelo seu valor aparente proporcionará magníficas oportunidades para a paródia, a caricatura e a farsa. Ovídio sobreviveu a este purgatório medieval como *Ovide Moralisé* (*Ovídio Moralizado*), mas entrou no iluminismo como *Ovide Bouffon* (*Ovídio Burlesco*), que é o título de um livro por L. Richer (Paris, 1662), uma das muitas obras do mesmo tipo inspiradas pelo *Virgile Travesti* (*Virgílio Mascarado*) de Paul Scarron (Paris, 1648). Esta é a primeira fase da demitologização, a fase que sustenta uma obra-prima da paródia heróica como *Rape of the Lock* (*Violação da Fechadura*) (1714), de Pope, e que (apesar de toda a sua hostilidade superficial em relação aos mitos e aos seus criadores) depende em grande medida da existência de um público leitor bem-informado sobre a mitologia clássica: "somente numa época de fé", lembra-nos Bush, "uma festa de tolos pode ser desfrutada" (1932, p. 293). Quando a segunda fase é atingida (a fase atual) as próprias paródias já não têm significado nenhum para uma geração que não está familiarizada com o que está sendo parodiado, e são necessários manuais para explicar os aspectos épicos a leitores que, de outra maneira, seriam insensíveis às sutilezas das paródias heróicas. Quão remoto da atual experiência das salas de aula é aquele relato de Coleridge no começo da *Biographia Literaria* (1817), de como o diretor da escola que ele freqüentava costumava proibir aos seus estudantes que fizessem referência a Pégaso ou Parnasso ou Hipocrene em suas escritas, ameaçando transformar toda a "fonte piéria" que encontrasse num "poço de claustro". De fato, poucos são os escritores que podem evocar o momento precário que separa a crença da descrença, quando o cetismo se articula tão elegantemente como na interpretação mitotrópica que Andrew Marvell fez de duas celebradas metamorfoses:

> Apolo perseguiu Dafne de tal maneira,
> Para que ela se transformasse num loureiro.
> E Pã correu atrás de Syrinx,
> Não enquanto ninfa, mas por um junco*.

A maioria dos mitoclastas brande uma marreta. Que contrasenso, eles dirão, pretender que o conto de Hero e Leandro é uma tragédia de amor romântico: Leandro "foi adiante lavar-se no Helesponto, e, vencido pela cãibra, afogou-se" (*As You Like It* [*Como Gostais*], IV, i. 103 e ss.). Evemero é o *vade-mecum* dos desiludidos: a narração aparentemente escandalosa sobre Persífone e o touro significa apenas

> Que Persífone promoveu a criação de gado
> Para tornar os cretenses mais sangüinários na batalha**.

Enquanto tudo isto se desenrola num subenredo cômico, por assim dizer, para o grande drama da demitologização, o enredo principal está empenhado na tarefa de racionalizar a mitologia, de tal forma que o velho panteão se transforma

---

* *Apollo hunted Daphne so,*
  Only that she might laurel grow.
  And Pan did after Syrinx speed,
  Not as a nymph, but for a reed.
** *That Pasiphae promoted breeding cattle*
  To make the Cretans bloodier in battle.
  (*Don Juan*, ii. 155).

numa espécie de alfabeto de abstrações personificadas, com cada deidade ficando reduzida a uma única qualidade – alguma idéia filosófica clara e inconfundível – e depois congelada eternamente num gesto representativo. No amanhecer do iluminismo, é inevitável que o destino dos deuses e das deusas seja ser humilhado pela paródia, ou mumificado pela prosopopéia. E o destino da mitologia como um todo consiste em petrificar-se nesses chavões que outrora formavam a matéria-prima do jornalismo pseudo-intelectual, onde as alternativas indesejáveis sempre são rotuladas de Cila e Caribdis, e toda fraqueza é um calcanhar de Aquiles.

Ou assim parece. Felizmente, os escritores têm a coragem de resistir aos métodos prevalecentes do determinismo, e demonstram freqüentemente que a nossa ansiedade acerca do futuro do mito numa era de exame minucioso inabalavelmente racionalista não tem fundamento. A incredulidade pode enfraquecer os mitos, mas não pode destruí-los completamente; porque uma mitologia bem-sucedida é aquela que anima as pessoas a inventarem motivos novos e mais respeitáveis para que possam acreditar nela, quando os velhos já sejam insustentáveis. Podemos ver alguma coisa deste processo em Chaucer, que não foi dissuadido de reescrever a *Teseida* de Boccaccio como *The Knight's Tale* (*O Conto do Cavalheiro*), simplesmente porque não podia atribuir às deidades pagãs os poderes que elas tinham a fama de terem. Em vez disso, ele "astrologizou" os deuses, em benefício dos leitores, que podiam aceitar mais facilmente a teoria das influências planetárias, do que a existência dos deuses de cujos nomes derivou-se o nome dos planetas (Curry). Descobrimos um novo valor nas mitologias rejeitadas encarando-as de modo diferente, uma forma tornada possível mediante uma nova mitogonia. Não é necessário aprofundar muito nas leituras da literatura moderna, para perceber que boa parte da mitologia que ali pode ser encontrada deve a sua existência às novas perspectivas abertas pela psicologia freudiana.

É nos debates acerca da demitologização da Bíblia que achamos uma nova perspectiva sobre o dilema do iluminismo, tal como ele ocorre na literatura. As diferenças básicas entre Rudolf Bultmann e Karl Jaspers radicam no fato de que Bultmann adota um ponto de vista ornamentalista do mito, ao passo que Jaspers opta pelo ponto de vista encarnacional. Chamo Bultmann de ornamentalista, porque ele acredita que despojando o Novo Testamento de seus acréscimos míticos, pode-se encontrar o querigma nu que proclama a verdade divina. Por outro lado, Jaspers adota o critério wordsworthiano – que sustenta que a expressão verbal não é mera "roupagem" do "pensamento" preexistente, senão a própria encarnação do pensamento – e acha impossível dissociar o mito do querigma, sem perder tudo na tentativa. Se o debate Bultmann-Jaspers pode ser reduzido desta forma a termos crítico-literários, ele deveria explicar o que acontece na literatura augustana; e de fato, Sanford Budick observou como em *Absalom and Achitophel* (*Absalão e Aquitopeles*) (1681), de Dryden, e em *The Vanity of Human Wishes* (*A Futilidade dos Desejos Humanos*) (1749), de Johnson, o desmantelamento "querigmático" de um velho mito sempre é precursor do advento de um novo mito. De Bultmann e Jaspers, o crítico literário pode aprender a importância de se dissociar esse tipo de desengano geralmente denominado "demitologização", do que Bultmann chama *Entmythologisierung* – que é um esforço menos destrutivo do que descreativo, uma tentativa de resgatar algo de valor, um querigma, das incrustações obsoletas que o turvam. Por mais esforçadamente que os críticos possam tentar demitologizar a literatura, é improvável que os escritores tolerem algo mais radical que uma *Entmythologisierung*.

Sobrevivências e Revivificações

Leigh Hunt, ao escrever sobre *Fiction and Matter of Fact* (*Ficção e Realidade*), em 1824, achou notável que as pessoas de sua geração tivessem chegado a gostar imensamente de "um uso novo e mais primitivo da velha mitologia pagã, tão prolongada e mecanicamente maltratada pelas Cloés e Vênuses dos franceses". Quando o mundo pesava muito para Wordsworth, ele imaginava quanto melhor estaria como "um pagão amamentado por um credo obsoleto", mesmo que fosse apenas para perceber de relance "Proteu erguendo-se do mar; / Ou ouvir o velho Tritão fazendo soar seu corno enrolado" (*Miscellaneous Sonnets* [*Sonetos Variados*] xxxiii, 1807). Era inevitável que a mentalidade capaz de decompor um arco-íris prismaticamente, ou cortar as asas de um anjo, pusesse em risco as asas invisíveis da poesia – na opinião de John Keats, que expressou no prefácio ao *Endymion* (*Endimião*) (1818) seu receio de ter "tocado tarde demais a bela mitologia da Grécia". Wordsworth, que não era tão tolo assim, descartou a seção do "Hino a Pã" do *Endimião* (i. 232-306) como "uma bela obra do paganismo"; mas achar essas coisas repreensíveis do ponto de vista teológico estava ficando antiquado, e fora de assunto. "O paganismo é atraente *porque* está morto", escreveu Francis Thompson em 1888. "Ler Keats é ficar apaixonado pelo paganismo; mas é o paganismo de Keats. O paganismo pagão não era poético" (*Obras* [Londres, 1913], vol. iii, p. 39). O neopaganismo romântico é um assunto mais estético do que teológico, apesar de estar baseado numa convicção de que, no final das contas, o cristianismo nega a vida e é contrário à arte. Swinburne avalia a situação em seu "Hymn to Proserpine" ("Hino a Proserpina") (1866), ecoando as últimas palavras apócrifas de Julião o Apóstata (*Vicisti Galilaee*):

> Tu conquistaste, ó pálido galileu; o mundo
> tornou-se cinza com o teu hálito;
> Bebemos das coisas letéias, alimentamo-nos
> da plenitude da morte*.

---

* *Thou hast conquered, O pale Galilean; the world
has grown grey from thy breath;
We have drunken of things Lethean, we have fed on
the fullness of death.*

Os oponentes do pálido galileu não eram tão ateístas quanto estetas que interpretavam o conflito entre o paganismo e o cristianismo, basicamente, como um conflito entre a arte e a moralidade. Théophile Gautier torna isto explícito em seu poema "Bûchers et Tombeaux" ("Fogueiras e Sepulturas") (1852) que se aflige pelo fato do cristianismo resistir "aos deuses que a arte sempre reverencia": artisticamente, é um dia triste quando "Olimpo rende-se ao Calvário/Júpiter ao Nazareno", e a abnegação fica numa categoria mais alta que a exuberância sensual. D'Albert, o herói do romance de Gautier (e a Bíblia de Swinburne) *Mademoiselle de Maupin* (*A Senhorita de Maupin*) (1835), expressa muitos daqueles sentimentos estético-pagãos posteriormente condensados em "Hugh Selwyn Mauberley" (1920) de Ezra Pound, onde a substituição de um paganismo fálico e ambrosíaco pelas macerações do ascetismo cristão é tida como responsável pelo estreitamento da consciência e uma subseqüente depressão das possibilidades artísticas.

Friedrich Schiller foi um dos primeiros a testificarem esta nostalgia de uma mitologia perdida que as artes devem recuperar para poder sobreviver. O seu poema escrito na década de 1790 sobre "Os Deuses da Grécia" expressa tanta simpatia pelo espírito do paganismo, que Elizabeth Barret Browning foi "instigada" (expressão dela) a responder-lhe com um poema fervoroso, porém medíocre, intitulado "The Dead Pan" ("Pã Morto") (1844). Schiller antecipa Gautier ao equiparar a arte à beleza e a beleza ao paganismo. Ele lamenta a iridescência que sumiu de um mundo desprovido dos seus deuses (*entgötterte Natur*) e oferece asilo na literatura aos deuses que o mundo agora julga redundantes. Há tons de pesar semelhantes num trecho da segunda peça (*Die Piccolomini*) da trilogia de Schiller, *Wallenstein* (1799), trecho este que foi trazido à atenção dos leitores ingleses na versão de Coleridge (1800) que Scott achou primorosa ao ponto de incorporá-la no terceiro capítulo de *Guy Mannering* (1815), ao evocar as ruínas do Castelo de Ellgowan ao luar. Os deuses pagãos, escreve Schiller,

já não vivem na fé da razão!
Mas o coração ainda precisa de uma linguagem, ainda
O velho instinto traz à tona os velhos nomes*.

Numa linguagem mais terra-a-terra, isto equivale a dizer que os deuses sobrevivem porque os seus nomes sobrevivem, e assim está criado um novo tema mitológico: onde estão os deuses agora, e o que eles andaram fazendo durante todo esse tempo? Heinrich Heine escreve de maneira simpática sobre este problema em "Os Deuses no Exílio" (1853). Alternando a ironia com a nostalgia (visto que os sentimentos contraditórios engendrados pelo exílio não lhe eram estranhos), Heine finge sondar lendas medievais para achar notícias sobre o que aconteceu aos deuses pagãos após o cristianismo ter compelido a sua diáspora. Ele descobre que alguns deles foram afortunados, como Plutão, que podia repousar no seu submundo; Netuno também estava longe do alcance dos sinos e dos órgãos das igrejas. Outros, no entanto, definharam deploravelmente. Apolo foi obrigado a trabalhar como pastor na Áustria, ao passo que Júpiter viveu sozinho com sua águia esfarrapada em algum ponto do círculo ártico, dedicando-se ao comércio de peles de coelho com os lapões. Os espertos saíram-se muito melhor. Baco e um par de Silenos não tiveram dificuldades para tornar-se monges franciscanos; mas o exílio mais bem-sucedido de todos (Heine não comenta o trânsito de Vênus) foi o do Mercúrio psicopompo, que se estabeleceu nas empresas de transporte holandesas e ali, seguindo um conselho de Procópio (*History of the Wars* [*História das Guerras*], VIII. xx.48) desenvolveu um esquema extremamente lucrativo, que consistia em embarcar as almas dos mortos com destino às afortunadas ilhas da Grã-Bretanha. Walter Pater ficou intrigado, e descreveu um ressurgimento, no século XIII, de Dionísio, em "Denys L'Auxerrois" (1886). Em "Apolo na

---

* *live no longer in the faith of reason!*
But still the heart doth need a language, still
Doth the old instinct bring back the old names.
                                        (II. iv).

Picardia" (1893) o deus reaparece numa fazenda monástica na Picardia medieval, onde é conhecido pelo mesmo nome que o anjo do abismo sem fundo, Apoliom (Apocalipse, 9:11). Aqui, Pater aproxima-se da tradição estabelecida por St. Justino Mártir (em sua *Primeira Apologia*, liv) de que todos os deuses pagãos eram demônios que caíram com Lúcifer, o que torna os gregos desprezíveis por não terem nada além de "demônios para adorar como divindades" (*Paraíso Perdido*, i, 373).

Contudo, não havia necessidade de supor que os velhos deuses não tinham sido vistos desde a Idade Média. Era simplesmente questão de saber como e onde procurá-los. Visite o Mediterrâneo com Ezra Pound, por exemplo, e ainda poderá ver "deuses flutuando no ar azul-celeste" (Canto 3). De fato, muito recentemente, em 1958, por sinal, Orfeu foi encontrado são e salvo, e trabalhando como motorista de bonde no Rio de Janeiro, onde foi filmado por Marcel Camus (*Orfeu Negro*). E há informações sobre um número tão grande de visões de Pã, que Somerset Maugham viu-se obrigado a desacreditá-las em *Cakes and Ale* (*Bolos e Cerveja Inglesa*) (Londres, 1930): "Ele foi visto pelos poetas, atalaiando no crepúsculo dos bairros londrinos, e as damas literárias de Surrey e da Nova Inglaterra, ninfas de uma era industrial, entregavam misteriosamente sua virgindade ao seu abraço tosco. Espiritualmente, elas nunca mais foram as mesmas" (cap. 11). Nem poderiam ser, dado que num *ethos* como aquele, era tempo de reconsiderar o relato de Plutarco sobre a morte de Pã (*Moralia*, 419). Leigh Hunt podia esperar o dia em que "uma voz será ouvida ao longo da água dizendo 'O grande deus Pã está vivo outra vez' " (carta a Hogg, 22 de janeiro de 1818); mas foi James Thomson quem pela primeira vez parodiou exatamente a frase de Plutarco em seu polêmico ensaio "O Grande Cristo está Morto!" (1875), pouco antes do Louco de Nietzsche percorrer as páginas de *Die Froeliche Wissenschaft* (*A Gaia Ciência*) (1882), proclamando que "Deus está morto!" (parágrafo 125).

Os predicantes que buscam reavivar a fé descobrem logo que a nostalgia não é suficiente, e se preocupam com os problemas do arcaísmo. Elizabeth Barrett disse a Robert Browning que a nova época exigia "novas *formas*, assim como novos pensamentos", e que de nada adiantava "voltar aos moldes antigos, moldes clássicos, como eles são chamados, tão impropriamente" (20 de março de 1845). Tennyson concordou. "É inútil dar uma simples *réchauffé* (requentada) às velhas legendas", ele observou ao discutir "Deméter e Perséfone" (1889) com seu filho. De algum modo, o escritor moderno precisa aprender a reabilitar Deméter sem, por assim dizer, fornecer o cereal como acompanhamento. Uma solução é desmontar as formas da mitologia pagã, na esperança de recuperar o estado de espírito que as criou originalmente. É o que William Carlos Williams tenciona fazer em *A Voyage to Pagany* (*Uma Viagem à Pagania*) (Nova York, 1928), onde Pagania é um nome coletivo que designa a Europa que produziu mitologias pagãs. Em vez de aborrecer todo o mundo com mais um relato sobre Orfeu, apresenta-se uma situação órfica – uma sereia cantando, por exemplo,

> Proferindo um sussuro tão dulce e harmonioso,
> Que o rude mar tornou-se suave ao ouvir a sua canção...*
> (*A Midsummer-Nigth's Dream*, II, i, 150f. [*Sonho de uma Noite de Verão*], II.i. 150 e ss.).

E até mesmo num Novo Mundo onde as sereias jamais foram avistadas, Wallace Stevens consegue recuperar um momento órfico na Flórida, quando uma menina cantora impõe a idéia da ordem em Key West. "Comece pelo sol", aconselha Bernice Slote, ecoando D. H. Lawrence: "talvez assim possamos ser absolvidos da poesia dos espelhos" (*Start With the Sun* [*Comece pelo Sol*] [Lincoln, 1960], p. 238).

Novas Mitologias

Preocupado pelo caráter cada vez mais fragmentário da poesia moderna, Friedrich Schlegel convocou para consulta

---

* Uttering such dulcet and harmonious breath,
That the rude sea grew civil at her song.

o seu "Talk on Mythology" ("Discurso sobre Mitologia") (1800), a fim de criar uma nova mitologia que pudesse unificar a literatura moderna da mesma forma como a mitologia clássica tinha unificado anteriormente a literatura da Antigüidade. Exatamente de onde deveria vir era incerto. Por um lado, esperava que ela fosse talhada nas profundezas mais íntimas do espírito (*aus der tiefsten Tiefe des Geistes*) e por outro, imaginava a revitalização das exóticas e pouco conhecidas mitologias da Índia: "no Oriente, devemos procurar a mais sublime forma do romântico" (1800, p. 87). Como todas as profecias importantes, a de Schlegel era inclusiva o suficiente para tornar-se realidade, independentemente do que fosse acontecer; assim, não um foi um grande mérito de sua parte estar certo em ambas as estimativas. Porque as profundezas mais profundas do espírito humano seriam logo perscrutadas pela psicologia das profundezas (*Tiefenpsychologie*) de Freud, que concluiu que "a teoria do instinto é... a nossa mitologia" (*CPW*, xxii, p. 95); e o livro de Wilson sobre os elementos hindus no romantismo alemão descreve o extraordinário impacto sobre a literatura alemã da versão em alemão de Georg Forster (1791, a partir da tradução inglesa de Sir William Jones, 1789) do *Sacontala* de Calidasa.

Era necessário ir-se tão longe? Talvez não. Os europeus do norte, cansados das mitologias do sul da Europa, podiam sempre voltar-se para as mitologias nativas do norte da Europa, especialmente após Paul Henri Mallet ter colocado à disposição a mitologia nórdica do *Eddas*, no segundo volume de sua *Introduction à l'Histoire du Danemarc* (*Introdução à História da Dinamarca*) (Copenhague, 1756), cuja tradução por Thomas Percy intitulou-se *Northern Antiquities* (*Antigüidades Nórdicas*) (Londres, 1770). Potencialmente inestimável para os interessados em criar uma literatura nacional livre da tirania imaginativa da Grécia, a mitologia nórdica, infelizmente, era inútil na opinião dos neoclássicos, por causa do que Edward Williams denominou a sua "teologia superlativamente bárbara e sangrenta" (*Poems, Lyric and Personal* [*Poemas, Líricos e Pessoais*], Prefácio [Londres, 1794]). Uns oitenta anos mais tarde,

William Morris ainda se sentia obrigado a reduzir o tom de *The Story of Sigurd the Volsung* (*A História de Sigurd o "Volsung"*) (1876), para uma época que achava até a mitologia grega tão flagrantemente imprópria, que apenas tolerava manuais tão expurgados como *The Heroes* (*Os Heróis*) (Cambridge, 1855) de Charles Kingsley – reconhecidamente para crianças – e *The Age of Fable* (*A Idade da Fábula*) (Boston, 1855), de Thomas Bulfinch. No final do século XVIII era muito mais fácil vibrar em harmonia com algo tão elegantemente falsificado como a poesia ossiânica supostamente traduzida do gaélico do "Homero do Norte", mas de fato, espertamente forjada por James MacPherson numa série de obras que começavam pelos *Fragments of Ancient Poetry Collected in the Highlands of Scotland* (*Fragmentos de Poesia da Antigüidade Reunidos nas Montanhas da Escócia*) (Edinburgo, 1760). O livro de Snyder sobre o renascimento céltico (1923) mostra que muito poucos daqueles que passaram das dríades aos druidas conheciam a diferença entre a mitologia céltica e a escandinava; conseqüentemente, os druidas imaginários se arriscavam a serem destinados ao Valhalla após a sua morte. Em todo o caso, a nova mitologia contribuiu com pouco para a poesia, com exceção de novos nomes, dado que possivelmente Plinlimmon receberia o mesmo "cume coroado de nuvens" que outrora tinha adornado o Olimpo ou o Parnaso. Até Thomas Gray – que mantinha o tema céltico de "The Bard" ("O Bardo") (1754-1757) escrupulosamente separado do escandinavo de "The Descent of Odin" ("A Descida de Odin") (1761) – nivelou as suas diferenças escrevendo sobre eles da mesma maneira neoclássica que empregou em todos os seus poemas. A sua própria ambição nessas composições é traída num elogio absurdo no qual atribui a William Mason a invenção de "uma nova mitologia característica de superstição druida, e não emprestada dos gregos" (carta 239, junho de 1757). Além das dificuldades técnicas para achar novas formas de escrever sobre as mitologias recentemente descobertas, também havia o problema de eliminar a descrença nelas. A notável "Ode on the Popular Superstitions of the Highlands of Scotland" ("Ode sobre as

Superstições Populares das Montanhas da Escócia") de William Collins (escrita em 1749), sugere que o fato de alguém como John Home ocupar-se com "falsos temas" é aceitável, porque os seus compatriotas ainda acreditam neles; mas um inglês sofisticado não tem nenhuma justificativa para perpetuar supersticiosas bobagens.

Entretanto, colocavam-se as fundações teóricas para o estabelecimento da mitologia druídica como sendo a mitologia aborígine – portanto, "nativa" das Ilhas Britânicas, assim como a fonte básica até mesmo da mitologia grega, reforçando a opinião de Milton de que "a escola de Pitágoras e a sabedoria persa tiveram origem na antiga filosofia desta ilha" (*Areopagitica*, 1644). O tema do livro de William Stukeley sobre *Stonehenge* (Londres, 1740) é que os druidas chegaram na Bretanha "durante a vida do patriarca Abraão, ou pouco depois" (p. 2) trazendo consigo determinadas "verdades diluvianas e erudições patriarcais" cuja decadência Wordsworth lamenta no terceiro dos seus *Ecclesiastical Sonnets* (*Sonetos Eclesiásticos*) (1822). Hungerford (1941) reconstrói a elaboração da heresia neodruídica que diz que os bardos medievais galeses e irlandeses eram provenientes de uma classe bárdica de druidas patriarcais. Se ainda continuamos prestando atenção a estes absurdos, deve-se, em grande parte, a que William Blake estava convencido de sua validez. Blake leu as obras de estudiosos dos textos célticos, como Stukeley, à luz de Jacob Bryant, cujo *New System... of Ancient Mythology* (*Novo Sistema... de Mitologia da Antigüidade*) (Londres, 1774-1776) apóia a velha opinião patrística de que os gregos não inventaram os seus próprios mitos, e alega uma origem babilônica da mitologia grega. E pela época em que Edward Davies tinha estabelecido que os druidas estiveram na Bretanha antes mesmo do Dilúvio, podia dizer-se com segurança que a história mais antiga tinha tido lugar na Bretanha, que se tornou *ipso facto* a sede de toda a sabedoria da Antigüidade. Conseqüentemente, Blake podia invectivar em *Milton* (1804-1808) contra "as obras roubadas e pervertidas de Homero e Ovídio, de Platão e Cícero", e evocar aqueles dias remotos quando o carneiro sagrado de Deus podia ser visto nas aprazíveis campinas da Inglaterra.

Blake é o escritor mais impressivo de todos os que se valeram das pesquisas dos assim chamados "mitológicos especulativos", cujos estudos comparativos tiveram o efeito de rebarbarizar o panteão grego. Outros escritores devem pouco mais do que detalhes ocasionais aos teoristas contemporâneos, como é o caso de Keats em *Hyperion*, ao fazer de sua titã Asia a filha de Caf; ou quando Shelley mistura o grego Adônis com o hebraico *adonai* ("senhores") em "Adonais". O que se apresenta aqui é uma precaução característica dos ingleses, que consiste em sincretizar pacientemente o novo com o antigo. Exatamente do mesmo modo como, em séculos passados, os escritores medievais tinham misturado as ninfas clássicas com as fadas célticas, sem sentirem-se obrigados a proclamar o fato, o jovem Byron também podia confessar em *The Island* (*A Ilha*) (ii.12) que tinha

Misturado as lembranças célticas com o monte frígio,
E as cachoeiras das montanhas escocesas com a fonte transparente da Castália*.

Apesar das atrações exercidas pelos panteões exóticos, o conjunto dos escritores ingleses permaneceu fiel à mitologia clássica, por mais trilhada que ela estivesse ficando.

Se nenhuma das mitologias disponíveis se revelar satisfatória, sempre podemos inventar a nossa própria mitologia, apoiando-se sobre o que diz Los, na *Jerusalem* (1804-1820) de Blake: "Preciso criar um sistema, ou serei escravizado pelo sistema de outro homem" (i.10). O produto final pode ser uma sinopse eclética como *A Vision* (*Uma Visão*) (Londres, 1937), de W. B. Yeats, ou *The White Goddess* (*A Deusa Branca*) (Londres, 1961), de Robert Grave, ou o menos vistoso *The Prelude* (*O Prelúdio*) (1805), um mito de criação que é a cosmogonia pessoal de Words-

---

* *Mixed Celtic memories with the Phrygian mount,*
And Highland linns with Castalie's clear fount.

worth. Romper de vez com mitologias supostamente extintas não é fácil, a julgar pelas provas acumuladas em estudos da fonte dedicados a Blake e Yeats, e o impulso mitopeico de imaginações tão poderosas quanto a de James Joyce ou a de Thomas Mann pode ser retardado pela resistência a tirar da mente as mitologias tradicionais (Herd, 1969, p. 74 e s.). A mitopoese é a semente de uma mitologia, mas ela apresenta riscos para aqueles que a cultivam. Em primeiro lugar, o esforço necessário para fabricar uma mitologia schlegeliana utilizando-se como matéria-prima as profundezas mais profundas do espírito é enorme, dado que se acaba, como Gottfried Benn, revestindo as paredes com a própria pele, enquanto os críticos psicanalíticos ficam em volta, discutindo a nossa fantasia obsessiva (Mauron), e meditando sobre a observação de Freud de que os impulsos mitopeicos se manifestam atualmente sob forma de neuroses (*CPW*, xii, p. 82). Outra séria desvantagem em tentar isso sozinho é evidente para qualquer leitor de *The Four Zoas* (*Os Quatro Zoas*) de Blake ou *Cantos* de Ezra Pound: uma mitologia inventada não tem as mesmas ressonâncias da que se herda e deve permanecer sempre privada, exceto para os poucos afortunados que se dão ao trabalho de resolvê-la. É por isso que as pessoas que acreditam que os mitos são "representações coletivas" no sentido de Durkheim acham impossível que a invenção de um mito seja atribuída a qualquer pessoa. "O que escritores tão modernos quanto Melville ou Kafka criam não é mito", segundo Hyman, "mas uma fantasia individual que expressa uma ação simbólica, equivalente e relativa à expressão de um rito público pelo mito. Ninguém, nem Melville... pode inventar mitos" (1966, p. 57). O problema foi colocado pela primeira vez no Livro 3 da *Scienza Nuova* (*Ciência Nova*) (1725-1744) de Vico, onde "Homero" é tratado como a obra de um povo inteiro, não de um único poeta; e mais tarde, as baladas seriam consideradas como uma espécie de poetização comunitária por parte do povo (*das Volk dichtet*). Finalmente, essas especulações levam ao misticismo coletivista da observação de Jane Harrison de que "o mito é um fragmento da vida da alma, o pensamento sonhado do povo, como o sonho é o mito do indivíduo" (*Epilegomena to the Study of Greek Religion* [*Recapitulações sobre o Estudo da Religião Grega*] [Cambridge, 1921], p. 32). Mas certamente, no início um mito é tanto a obra de um indivíduo quanto o são uma balada ou um poema épico: alguém tem de fornecer a matéria-prima que posteriormente outros poderão aumentar e modificar. Braswell encontra inovação mitológica já presente no tratamento dado por Homero a Tétis na *Ilíada*; e todos nós podemos evocar as figuras míticas que sabemos ser invenções de determinados autores, como Jekyll e Hyde (R. L. Stevenson), Frankenstein (Mary Shelley), Drácula (Bram Stoker) e Rip Van Winkle (Washington Irving). Um aspecto interessante; elas não são lembradas usualmente no contexto livresco, mas como figuras completamente tradicionais no domínio público dos filmes de horror e das histórias em quadrinhos; em pouco tempo, Frankenstein já não é lembrado como o nome do "Prometeu moderno" de Mary Shelley. Popularmente, é confundido com o monstro que ele criou. Neste caso, é possível que tenhamos um paradigma dos processos pelos quais os mitos são feitos.

3. MITOS E CRÍTICOS

Temática

A temática é o ramo dos estudos literários que atrai aqueles que aspiram a algo mais ambicioso do que a humilde tarefa do mitógrafo, que coleciona e confronta mitos em todas as suas formas variantes. O estudo temático dos mitos é uma disciplina nas mãos dos comparatistas literários, e constitui uma respeitável subdivisão da *Stoffgeschichte*. Geralmente, os tematólogos selecionam as histórias associadas com uma das mais celebradas figuras da mitologia clássica, e depois estudam o que lhes acontece quando são renarrados por uma ampla variedade de escritores europeus, desde a Antigüidade até os nossos dias: estamos nos referindo, por exemplo, ao exemplar estudo de Prometeu feito por Trousson (1964), ou o que Galinsky fez sobre Heráclito (1972), ou o de Stanford sobre Ulisses (1954). Alternativamente, eles podem escolher um tema mitológico – como fez Levin em seu maravilhosamente bem escrito estudo da Idade de Ouro no Renascimento (1970) – e submetê-lo ao mesmo tratamento. O que diferencia tais pesquisas dos exemplos do método comparativo no século XIX – como o estudo de E. S. Hartland sobre *The Legend of Perseus* (*A Legenda de Perseu*) (Londres, 1894-1896) – é o seu empenho em tratar as histórias acerca dos heróis gregos como totalidades "êmicas", e em evitar fragmentá-las em componentes "éticos", demonstrando que cada um destes pertence a uma grande família de análogos não-europeus, inclusive fontes não-literárias, como o folclore. Sempre que evitamos o erro de assumirmos que toda versão que se desvia da primeira forma registrada de um mito é uma perversão do "original", o estudo literário tem muito a ganhar pela investigação do que Munz denomina a "serialidade tipológica" (1973, p. 28) dos mitos emicamente constituídos. Independentemente de convidar os historiadores literários a especularem sobre por que determinados mitos desaparecem e reaparecem quando o fazem, os tematólogos nos permitem ver exatamente quais aspectos de um mito foram enfatizados na obra de um autor determinado, e podem confirmar ou levar a alguma descoberta sobre seu trabalho, como acontece quando Merivale coloca parte da ficção de por D. H. Lawrence no contexto do mito de Pã (1969). Uma desvantagem dos estudos temáticos é que, freqüentemente, a obrigação de ser inclusivo equivale a conceder uma quantidade de espaço desproporcionada a escritores menores, e às suas obras mínimas. Outra desvantagem, igualmente inevitável, é que todos os estudos desse tipo ensinam mais ou menos a mesma lição: todos os mitos passam por estágios quase iguais, ao refletirem as diferentes preocupações de épocas diferentes; conseqüentemente, uma análise diacrônica de qualquer um dos mitos que perduram fornece o modelo para todos os demais.

A Crítica dos Mitos

A tendência geral dos estudos temáticos é enfatizar a carpintaria da escrita, inferindo que os autores escolhem conscientemente os mitos que exploram. Os tematólogos consideram a mitologia como um patrimônio produtor de temas utilizáveis, assumindo que os mitos estão aí para serem usados por quem quiser usá-los. Eles não imaginam – como aparentemente muitos críticos de mitos o fazem – que os escritores, de algum modo, estão possuídos pelos mitos que relatam (ou inventam), em virtude de alguma aptidão única para pensar "miticamente" numa era que tem aspirado, desde os dias de Sócrates, a pensar racionalmente. A diferença básica entre essas duas formas de encarar a presença da mitologia na literatura é colocada com muita clareza por Philip Rahv, quando discorda das aproximações mito-críticas aos romances de Thomas Mann: "*Joseph and His Brothers* (*José e os seus Irmãos*) é menos romance mítico do que romance sobre temas míticos" (1953, p. 645).

O que as pessoas querem dizer com "consciência mítica" é em geral determinável pelo segundo volume da *Philosophy of Symbolic Forms* (*Filosofia das Formas Simbólicas*) (1925), de Ernst Cassirer, livro que, ostensivamente, é uma obra de filosofia mas, como mostram claramente as referências a Schelling, é, de fato, uma tardia e sofisticada contribuição às especulações do romantismo sobre os poderes expressivos e a vivacidade pitoresca da linguagem no assim chamado estado primitivo. Cassirer trata o mito como uma "forma simbólica" primordial, ou seja, uma dessas coisas (como a própria linguagem) que interpomos entre nós mesmos e o mundo exterior, para compreendê-lo: na opinião dele, o mito é uma "linguagem" não-discursiva, densamente povoada de imagens, não muito diferente da linguagem dos sonhos freudianos – ao mesmo tempo mais arcaica e vibrante que a linguagem cerebral e discursiva na qual o próprio livro de Cassirer foi escrito. Se o mito é a linguagem primordial da experiência, os escritores modernos que exploram os recessos da consciência mítica e depositam os seus achados em obras de ficção deveriam ser estimados por manter-nos vitalmente em contato com as próprias fontes de nossa humanidade; ou assim diz a lenda. Mas como é possível que Cassirer e os seus admiradores saibam tudo isso? Ninguém conheceu nunca um homem arcaico, portanto, os seus hábitos mentais devem permanecer inteiramente conjeturais, e os antropólogos insistem que não devemos considerar o homem primitivo atual como um vestígio vivo do homem arcaico (Herskovits, 1958, pp. 82 e s.). Então, onde está a prova do "pensamento mítico", senão na teoria da "mentalidade primitiva" de Lucien Lévy-Bruhl? E como não temos nenhuma forma de demonstrar que a aptidão mitopeica de um escritor moderno seja um resíduo arcaico (ou até primitivo, no que diz respeito ao assunto), não adianta dizer que o é, a menos que alguém se empolgue só com a sugestão de que os vestígios primitivos estão presentes no homem moderno. Não podemos tratar *The Philosophy of Symbolic Forms* (*A Filosofia das Formas Simbólicas*) como um estudo objetivo da mentalidade primitiva, assim como não podemos considerar o romance *The Inheritors* (*Os Herdeiros*) (Londres, 1955), de William Golding, como um estudo documentário dramatizado da vida numa tribo do período Neanderthal, cujos membros são animistas em seu modo de ver, pensam imagisticamente, falam de modo pitoresco e são, inatamente, bons na barganha. Ambas as obras são projeções altamente imaginativas, de modos muito diferentes, da mesma convicção basicamente romântica de que o mito é endêmico à mentalidade primitiva.

É característico da crítica dos mitos desviar a atenção das especificidades locais de um determinado livro, para algum mito tido como mais antigo e mais grandioso e portanto melhor que o livro de que realmente se está falando. O que poderia ter sido uma mera novela ("apenas uma novela") se transforma de repente em Literatura, à medida que seu autor é apresentado como alguém a transcender o cotidiano e que estabelece contato com o eterno, mediante alguma imagem ou situação arquetípica já familiar na mitologia. Considera-se uma qualidade de Scott Fitzgerald não o fato de ter evocado o glamour frenético da Era do Jazz em *The Great Gatsby* (*O Grande Gatsby*) (Nova York, 1925), mas ter dado novo lustro ao Adão americano. No entanto, por menos que saibamos sobre Jay Gatsby, sabemos muito mais sobre ele que sobre Adão. Isto leva a questionar o valor que pode haver num método de análise literária que – ao tentar atingir algum arquétipo indistinto – passa ao lado das particularidades ectípicas que tornam uma novela única pelo que ela é. "Um princípio central da crítica dos mitos", segundo Vickery, "é que as formas individuais e universais de uma imagem são idênticas" (1966, p. 96). Como poderia isso jamais ser determinado, pergunto-me, considerando que não temos acesso ao universal, exceto através do particular? Aparentemente, a meta real da crítica dos mitos é estabelecer um sistema de monismo redutivo para a reintegração do Muito no Um. O título do livro de Joseph Campbell, *The Hero With a Thousand Faces* (*O Herói das Mil Faces*) (1949), é revelador a este respeito: não um milhar de heróis diferentes, mas apenas um, que aparece sob mil máscaras diferentes, assim como Isis Mirionima é conhecida por uma multiplicidade de nomes. E é igualmente significativo que a fascinação pelas imagens arquetípicas tenha levado alguns a intensificarem sua abordagem redutiva, mediante a tentativa de localizar o Arquétipo por trás dos arquétipos, o que Campbell denomina o "monomito" (1949, p. 10), termo tirado de *Finnegans Wake*. Se o contexto joyciano não consegue esclarecer o significado do "monomito", o livro de Campbell revela que o padrão mítico fundamental é o *rite de passage* (*rito de passagem*) descrito pela primeira vez em 1909, por Arnold van Gennep: "o caminho padrão da aventura mitológica do herói é uma magnificação da fórmula representada nos ritos de passagem: *separação-iniciação-retorno*; que pode ser chamada a unidade nuclear do monomito", e que é explicada mais detalhadamente como "uma separação do mundo, uma penetração em alguma fonte de poder, e um retorno que intensifica a vida" (1949, pp. 30, 35). Bastante impressivo como monomito, ele tem no entanto os seus rivais: Raglan (1936) prefere um monomito derivado de um *ur-*ritual que celebra o Deus Moribundo, como está descrito no quarto volume do *Golden Bough* (*O Ramo de Ouro*) de Frazer; já para Róheim, "o núcleo do mito é a morte e a apoteose do Pai Primordial" (*American Imago*, ii [1941], p. 278), enquanto que Eliade, parece preferir o mito da Criação.

Sem dúvida, o monomito mais popular entre os críticos literários tem sido o mito da busca, especialmente desde 1951, quando Northrop Frye o identificou pela primeira vez como o mito central da literatura e a fonte de todos os gêneros literários. Taticamente, a escolha do mito da busca como monomito foi excelente, visto que a crítica do mito estava nascendo e teve que abrir seu caminho quando a Nova Crítica dominava, e um par dos textos mais reverenciados pela Nova Crítica é composto de dois mitos da busca da safra de 1922: *Ulysses* de Joyce e *The Waste Land* (*A Terra Devastada*) de Eliot, sendo que este último convida abertamente à comparação (mesmo que não seja uma comparação completamente esclarecedora) com o estudo de Jessie L. Weston sobre a Busca do Graal em *From Ritual to Romance* (*Do Ritual ao Romance*) (Cambridge, 1920). Se os leitores tivessem que ser desintoxicados de uma preocupação da Nova Crítica com as propriedades formais (como a ironia, a tensão e o paradoxo), para redescobrir o conteúdo da literatura com referência às imagens arquetípicas, *Ulysses* e *The Waste Land* seriam um ponto de partida tão indicado como qualquer outro: pois o próprio Eliot não tinha elogiado Joyce, em 1923, por ter inventado um "método mítico" ou "paralelo contínuo entre a contemporaneidade e a antigüidade", que permite ao escritor moderno dar "forma e importância ao imenso panorama da futilidade e da anarquia que é a história contemporânea" (1965, p. 681)? A partir de então, os epígonos da crítica do mito estultificaram-nos com as suas revelações de mitos da busca até agora insuspeitados: "todo aquele que sai à busca de alguma coisa torna-se participante num 'mito da busca' ", reclama Hough (1966, p. 143); assim, seria misericordioso da parte deles declarar uma moratória das buscas, e conceder a um ou outro monomito um descanso por algum tempo.

Embora seja de vez em quando salutar lembrar-se de que a literatura tem conteúdo, bem como forma, não há certeza de que ela não seja realçada pelo tipo de conteúdo que atrai os críticos de mitos. Um método que homogeneiza os livros a fim de apreender a unicidade superna das coisas pode facilmente tornar-se monótono na prática, apagando o elemento surpresa da literatura, e instituindo em seu lugar um *déjà-vu*. Da mesma forma que os *topoi* de Cúrcio são, literalmente, lugares comuns, e portanto lugar-comum, a utilização em linguagem técnica de "arquétipo" é um eufemismo para clichê. Wimsatt contesta, com razão, que "descrever o salto de Hamlet para o túmulo de Ofélia, tradicional do teatro, como se fosse um exemplo da descida clássica ao submundo é uma aplicação clichê do arquétipo, talvez engenhosa, mas ainda clichê, um clichê mitopoéico (1966, p. 95). Outrossim, as imagens arquetípicas não têm valor intrínseco, e elas podem surgir num anúncio de pasta de dentes com a mesma facilidade que num poema épico. Por isso, apreciamos a posição de Fiedler que diz que a assinatura que o arquétipo leva é muito mais importante que o próprio arquétipo. E uma atenção para o contexto histórico no qual ocorrem as imagens arquetípicas é igualmente necessária, se queremos evitar o tipo de erro corrigido por Moorman (1956) em interpretações de *Sir Gawain and the Green Knight* (*Sir Gawain e o Cavaleiro Verde*) feitas por junguianos e ritualistas. Com uma facilidade excessiva, a crítica dos mitos mostra as fraquezas dos estudos de fonte antiquados, com a desvantagem adicional deles serem incapazes de indicarem uma coisa tão tangível quanto um texto literário. Basta considerar o tratamento habitual recebido por *The Bear* (*O Urso*) de William Faulkner, um conto que tem uma aparência muito semelhante à dos contos considerados: "debaixo de suas outras camadas de significado, escreve Lydenberg, "essencialmente, o conto é um mito da natureza" (1952-1953, p. 63). Mas essa palavra "essencialmente" se refere a algo bastante vago em comparação com o que acontece em nossas mentes quando lemos o conto de Faulkner. Talvez esses erros sejam provocados pela centralização de elementos meramente periféricos, fazendo com que uma sugestão acabe sendo lida como uma afirmação, um matiz cristalize num *leitmotif*, parte do fundo seja deslocado para o centro do palco, e todo decoro fique de viés.

Obviamente, não é fácil inventar uma linguagem crítica capaz de abranger o ectípico e o arquetípico, motivo pelo qual os críticos de mitos têm feito, involuntariamente, algumas contribuições encantadoras para a arte de afundar. A terrível seriedade de tantos textos de crítica de mitos pode ser aliviada de repente, como acontece quando Blotner explica repeitosamente que "Rhéa tem seis filhos, três meninos e três meninas, ao passo que Mrs. Ramsay tem oito, quatro meninos e quatro meninas" (1956, p. 551). Descontando tais lapsos, no entanto, é muito provável que muita gente ache a linguagem da crítica dos mitos atraente, porque ela ressoa com palavras que inspiram reverência, como "primevo", "mana", "preternatural", "matriz", "arquetípico", "primordial" – palavras que prometem levar-nos para longe dos corações do romantismo e das cabeças da Nova Crítica dos simples leitores limitados pelo tempo, e coloca-nos em contato direto com o eterno e infinito e Inteiramente Outro. O precedente mais próximo de uma crítica que opera em tão grandiosa escala está na estética do sublime, centrada como ela está no reconhecimento da admiração apavorada diante da presença de vagas imensidades. A rapidez com que a crítica do mito degenera em truque retórico para solicitar a aprovação tácita dos conversos é demonstrada por um ensaio sobre *Moby Dick* reimpresso na antologia de Vickery (1966, pp. 193-199), que fala loquazmente sobre os "rituais cerimoniais" e a "lança talismânica" e indica "cenas mitopeicas" nas quais Ahab reage "preternaturalmente" ou instrui a sua tripulação "xamanisticamente". Apesar de que isto não nos diz nada sobre Melville o escritor, indubitavelmente tranqüiliza os leitores à procura de sensações arquetípicas, persuadindo-os de que *Moby Dick* é o seu tipo de livro.

A questão implicitamente colocada na divertida paródia de Douglas Bush sobre a crítica de mitos (1956) é que o jargão se aplica somente a livros escolhidos, nunca a *Pride and Prejudice (Orgulho e Preconceito)*. Uma análise arquetípica do *Prometheus Unbound (Prometeu Livre)*, de Shelley, é bastante exeqüível, mas *The Canterbury Tales (Os Contos de Canterbury)* não são suscetíveis a esse tipo de tratamento, apesar de registrarem uma peregrinação, e, portanto, estarem qualificados como uma busca. Como observa

Righter, dificilmente pode ser coincidência o fato de que a crítica do mito seja, em grande parte, um fenômeno norte-americano encorajado pelo modo abertamente simbólico ou alegórico da literatura norte-americana do século XIX (1972-1973, p. 324). Em tempos mais recentes, grande parte da ficção norte-americana parecer ter sido especialmente projetada para o tipo de inspeção pela qual está passando atualmente: nos vem à memória *The Old Man and The Sea* (*O Velho e o Mar*) (Nova York, 1952) de Ernest Hemingway, um livro feito praticamente sob medida para a análise colegial – não é longo demais, e é calçado por símbolos, cada qual plantado tão cuidadosamente como um crânio de Piltdown. Com tantas pessoas na fila, esperando ansiosamente a sua vez de explicar, quantos escritores podem afirmar, junto com Vladimir Nabokov, que produziram ficções "à prova de mitos", em torno das quais "os freudianos palpitam... avidamente, aproximam-se com ovidutos doloridos, param, farejam e recuam" (*The Eye* [*O Olho*] [Londres, 1966], p. 9)? Como sempre, o tom é o maior obstáculo para uma crítica do mito totalmente automatizada. Quando Bernard Malamud misturou textos do Graal com beisebol em sua novela *The Natural* (*O Natural*) (Nova York, 1952), havia uma certa dúvida quanto a saber se ele estava sendo pretensioso (Dalziel) ou irônico; e quando John Updike publicou *The Centaur* (*O Centauro*) (Nova York, 1963), ele forneceu um "Índice Mitológico" para a novela que é, ao mesmo tempo, útil e um simulacro dos ensaios que oferecem esse tipo de ajuda. Em retrospecto, o tom de *Ulysses* é relativamente direto, e é difícil imaginar como as pessoas chegaram a compreender mal (como descreve Joseph von Abele) as ironias de suas alusões mitológicas. Hoje em dia, quando os leitores profundos do mundo penetram numa nova obra de autoria de um novelista reputado, os escritores cultivam um tom elusivo, para evitar serem catalogados em determinados tipos. Partes de *Henderson the Rain King* (*Henderson o Rei da Chuva*) (Nova York, 1958), podem ser interpretadas como um romance de busca ortodoxo, cheio de enfeites frazerianos; outros trechos são interpretados como uma paródia dos romances de busca; e enquanto discutimos sobre qual é o tom dominante, Bellow vive para escrever mais um dia.

Se vários livros podem ser discutidos em termos de um mito, infere-se que todos os livros poderiam ser classificados de acordo com os mitos a que fazem alusão. Neste caso, poderíamos tratar a ampla gama das narrativas feitas nas mitologias universais como fornecedora de um novo sistema de classificação literária que substituiria gêneros tão tradicionais como o épico, o dramático, o lírico, e assim por diante. A tentativa mais ambiciosa de construir uma nova taxonomia para a literatura, com base nos princípios míticos, é a *Anatomy of Criticism* (*Anatomia da Crítica*) (1957), de Northrop Frye, que trata "o simbolismo da Bíblia, e em menor medida a mitologia clássica, como uma gramática dos arquétipos literários" (p. 135): a literatura é mitologia "deslocada", que é melhor compreendida se for recolocada em seu contexto mítico correto. A finalidade de empreender este esquema é estimular novas descobertas sobre livros individuais, justapondo-os com outros pertencentes à mesma categoria; mas o empreendimento é acossado por algumas dificuldades práticas. Em primeiro lugar, nunca podemos ter certeza de termos classificado uma obra corretamente: "La Belle Dame Sans Merci" ("A Bela Dama sem Piedade"), de Keats, é um mito de Tannhäuser ou de Melusina? E mesmo se a classificássemos corretamente, poderíamos perceber que livros classificados pelo mesmo rótulo nas prateleiras do novo sistema são tão diferentes entre si pelo éctipo, que a sua seleção poderia ter sido aleatória. O que tem *Tom Jones*, de Fielding, em comum com o *Cândido* de Voltaire, *O Grande Meaulnes* de Alain Fournier, *The Apple Tree* (*A Macieira*) de Galsworthy e *Aus dem Leben eines Taugenichts* (*Da Vida de um Malandro*) de Eichendorff? A resposta, segundo Manfred Sandmann (1966), é que todos são mutações do arquétipo de Percival. Todavia, o livro de Frye é inteiramente mais macroscópico que isto em perspectiva, misturando os gêneros tradicionais com o simbolismo da estação e proporcionando alojamento para qualquer livro escrito em qualquer época. Apesar de ter um aspecto um tanto tomista, a *summa* de Frye tem intenção pragmática: "o sistema estava ali pelos *insights* que continha", ele lembrou aos membros do Instituto Inglês que se reuniram para discutir a sua obra; "os *insights* não estavam ali por causa do sistema" (Krieger, 1966, p. 28). No entanto, qualquer pessoa que utilizar o índice da *Anatomia da Crítica* na esperança de adquirir *insights* sobre determinados livros terá de enfrentar muitas desilusões: os dois verbetes sobre Trollope, por exemplo, dizem somente que Trollope escreveu novelas que foram lidas como romances durante a Segunda Guerra Mundial (pp. 305, 307). As obras literárias e os seus autores merecem uma menção no livro de Frye somente por qualificarem-se como exemplos de alguma coisa em seu sistema: o próprio sistema é o *insight*, a visão da literatura em sua totalidade como um vasto projeto espacial, belo em sua coerência, autônomo e, em última análise, autotélico. *Anatomia da Crítica* é uma obra de finalidade sinótica e tem *status*, no reino da crítica, comparável às obras exemplares do modernismo alexandrino, *The Waste Land* e *Ulysses*, apesar de ter sido escrita mais paralelamente às linhas de *A Vision* (*Uma Visão*) de Yeats. Longe de satisfazer a ambição lineana de prover uma *taxonomia universalis* para a literatura, *Anatomia da Crítica* é um triunfo da imaginação mitopoéica, uma alocução maravilhosamente modulada a uma Academia das Belas Idéias, mas não é muito útil para o crítico no exercício de sua atividade, que achará no excelente livro de John J. White sobre *Mythology and the Modern Novel* (*A Mitologia e a Novela Moderna*) (1972), conselhos muito mais aproveitáveis sobre a forma de falar sobre os mitos quando eles aparecem nas obras de ficção.

POSFÁCIO

Os folcloristas – que numa época anterior colaboravam alegremente com os estudantes de literatura investigando a hinterlândia dos costumes e das crenças populares tradicionalmente consultadas pelos autores – atualmente desprezam abertamente o modo pelo qual a palavra "mito" é atirada para lá e para cá por literatos irresponsáveis. Stith Thompson (1958, p. 104) queixa-se das "perversões da palavra 'mito' " feitas por certos críticos literários não nomeados, talvez os mesmos que Fontenrose tinha dificuldade para entender porque a sua concepção do mito é "tão vaga que chega a ser inútil" (1971, p. 56). Como cientistas sociais recém-emergentes, é compreensível que os folcloristas estejam propensos às ansiedades definicionais, e bastante certos quando pensam que muitos críticos literários estão irremediavelmente desnorteados sobre o mito. Mas, na verdade, não é esse o ponto. O fato é que os termos literários lançam as suas sombras diacronicamente e, portanto, tendo sido concebidos para significar algo, são capazes de significar qualquer coisa no passado ou agora. Não se ganharia nada formulando uma definição sincrônica do mito nova em folha, e insistindo para que todo o mundo a aceitasse. O que estamos necessitando realmente é um acordo entre os interesses contraditórios que contribuíram para a confusão atual. Teriam sido as próprias ambigüidades de "mito" que atraíram pela primeira vez as pessoas dedicadas ao esforço cada vez mais desesperado para achar novas formas de defender a literatura imaginativa dos inimigos antigos e modernos? Esse é o diagnóstico de Kermode: "no território do mito", ele escreve, "podemos curto-circuitar o intelecto e liberar a imaginação que o cientismo do mundo moderno suprime; e esta é a posição central moderna" (1962, p. 37). Ou a estética seria apenas uma frente para operações mais ambiciosas e até sinistras? Philip Rahv, por exemplo, vê na crítica do mito uma espécie de religião *ersatz* sonhada por pessoas que não podem tolerar o caos da história (a "casa das máquinas" da mudança) e, assim, refugiam-se na estabilidade do mito; Roland Barthes acredita que "a verdadeira finalidade dos mitos é imobilizar o mundo" (1972, p. 155). Considerado desta forma, preocupar-se com o mito revela um desejo de ordem em meio aos levantes e ao caráter fragmentário das coisas. "O que os críticos de mitos parecem procurar", diz Paul West, "é uma espécie de pedra filosofal que transforme todas as contradições em mito dourado", um mito "que nos permita viver as nossas vidas inteligentemente, na presença do modelo sugerido" (1961, p. 365 e s.). E se o modelo é o *status quo*, como deve ser, a crítica dos mitos erige-se como o órgão dos burgueses reacionários. Kogan investe violentamente contra as premissas fascistas de um método literário que se baseia descaradamente sobre uma teoria racista de arquétipos, e retarda a derrota do imperialismo norte-americano perpetuando a crença em sua eterna recorrência. Não obstante, nem tudo está perdido, porque "a prática da crítica arquetípica limita-se exclusivamente aos corredores das universidades norte-americanas intelectualmente falidas, e o número de praticantes de crítica arquetípica é muito pequeno, mesmo entre os acadêmicos de aluguel" (1970, p. 29).

Avesso a identificar-me como o *leitor hipócrita* punido por Kogan, somente me resta apontar canhestramente para as páginas precedentes como sendo uma prova de que qualquer pessoa que resolva aprofundar sua compreensão da literatura dedicando um interesse eclético ao mito não corre real perigo de emergir dos seus estudos como um evangelista fanático, um cripto-fascista, ou até mesmo um folclorista, a menos que tenha essas tendências antes de começar. Porque enquanto o mito permanecer como patrimônio das artes, faremos bem em conhecer alguma coisa sobre ele.

BIBLIOGRAFIA

ALLEN, Don Cameron (1970). *Mysteriously Meant (Misteriosamente Significado)*. O redescobrimento do simbolismo pagão e da interpretação alegórica no Renascimento. Baltimore & London.

ALLEN, James Lovic (1973-1974). "The Road to Byzantium: Archetypal Criticism and Yeats" ("A Estrada para Bizâncio: Crítica Arquetípica e Yeats"), *Journal of Aesthetics and Art Criticism (Revista de Estética e Crítica de Arte)*, xxxii, pp. 53-64.

ASHMOLE, Elias (org.) (1967). *Theatrum Chemicum Britannicum*. Contendo várias composições poéticas dos nossos filósofos ingleses célebres, que escreveram os mistérios herméticos em sua própria linguagem antiga (Londres, 1652); Repr. fac-símile. Introd. Allen G. Debus. Nova York & Londres.

BARTHES, Roland (1972). *Mythologies (Mitologias)*. Selecionadas e traduzidas por Annette Lavers. Londres.

BELLI, Angela (1969). *Ancient Greek Myths and Modern Drama (Mitos Gregos da Antigüidade e Drama Moderno)*. Um estudo em continuidade. Nova York & Londres.

BIDNEY, David (1953). *Theoretical Anthropology (Antropologia Teórica)*. Nova York. Cap. 10: O Conceito de Mito.

BLOTNER, Joseph L. (1956). "Mythic Patterns in *To the Lighthouse*" ("Modelos Míticos em *O Farol*), *PMLA*, lxxi, pp. 547-562.

BOCCACCIO, Giovanni (1930). *Boccaccio on Poetry* (*Boccaccio Escreve sobre Poesia*). Sendo que o Prefácio e o Décimo-quarto e Décimo-quinto Livros da *Genealogia Deorum Gentilium* de Boccaccio estão numa versão inglesa, com ensaio introdutório e comentário de Charles G. Osgood. Princeton.

BODKIN, Maud (1934). *Archetypal Patterns in Poetry* (*Modelos Arquetípicos em Poesia*). Estudos psicológicos da imaginação. Londres.

BOEWE, Charles (1961). "Myth and Literary Studies" ("O Mito e os Estudos Literários"). *University of Kansas City Review* (*Revista da Universidade de Kansas City*), xxvii, pp. 191-196.

BOLLE, Kees W. (1970). "In Defense Of Euhemerus" ("Em Defesa de Evemero"), em *Myth and Law Among the Indo-Europeans* (*O Mito e a Lei entre os Indo-europeus*). Estudos da mitologia comparada indo-européia. Editora Jaan Puhvel. Berkeley. pp. 19-38.

BOON, James A. (1972). *From Symbolism to Structuralism* (*Do Simbolismo ao Estruturalismo*). Lévi-Strauss numa tradição literária. Oxford.

BRASWELL, B. K. (1971). "Mythological Innovation in the *Iliad*" ("Inovação Mitológica na *Ilíada*"), *Classical Quarterly* (*Publicação Trimestral sobre Literatura Clássica*), xxxi, pp. 16-26.

BRINKLEY, Roberta Florence (1932). *Arthurian Legend in the Seventeenth Century* (*A Legenda Arturiana no Século Dezessete*). Baltimore.

BROWN, Daniel Russel (1969-1970). "A Look at Archetypal Criticism" ("Um Estudo sobre a Crítica Arquetípica"), *Journal of Aesthetics and Art Criticism* (*Revista de Estética e Crítica de Arte*), xxviii, pp. 465-472.

BROWN, Truesdell S. (1946). "Euhemerus and the Historians" ("Evemero e os Historiadores"), *Harvard Theological Review* (*Revista Teológica de Harvard*), xxxix, pp. 259-274.

BUDICK, S. (1970). "The Demythological Mode in Augustan Verse" ("O Modo Demitológico na Poesia Augustana"), *ELH*, xxxvii, pp. 389-414.

BULTMANN, Rudolf (1961). *Kerygma and Myth* (*O Querigma e o Mito*). Um debate teológico. Editora Hans Werner Bartsch. Tradução de Reginald H. Fuller. Nova York.

BUSH, Douglas (1932). *Mythology and the Renaissance Tradition in English Poetry* (*A Mitologia e a Tradição do Renascimento na Poesia Inglesa*). Minneapolis.

_____ . (1937). *Mythology and the Romantic Tradition in English Poetry* (*A Mitologia e a Tradição do Romantismo na Poesia Inglesa*). Cambridge, Mass.

_____. (1956). "Mrs. Bennet and the Dark Gods: the Truth about Jane Austen" ("A Sra. Bennet e os Deuses Sombrios: a Verdade sobre Jane Austen"), *Sewanee Review (Revista Sewanee)*, lxiv, pp. 591-596.

_____. (1968). *Pagan Myth and Christian Tradition in English Poetry (O Mito Pagão e a Tradição Cristã na Poesia Inglesa)*. Filadélfia.

CAMPBELL, Joseph (1949). *The Hero with a Thousand Faces (O Herói das Mil Faces)*. Nova York.

CAPELL, A. (1938-1939). "The Word 'Mana': a Linguistic Study" ("A Palavra 'Maná': um Estudo Lingüístico"), *Oceania*, ix, pp. 89-96.

CASSIRER, Ernst (1946). *Language and Myth (Linguagem e Mito)*. Tradução de Susanne K. Langer. Nova York & Londres.

_____. (1955). *The Philosophy of Symbolic Forms (A Filosofia das Formas Simbólicas)*. Vol. 2: *Mythical Thought (O Pensamento Mítico)*. Tradução de Ralph Manheim. New Haven.

CHAPMAN, George (1957). *Chapman's Homer (O Homero de Chapman)*, A *Ilíada*, A *Odisséia* e a Homérica Menor. Ed., introdução e notas de Allardyce Nicoll. Londres. 2 volumes.

CHASE, Richard (1948). "Myth as Literature" ("O Mito como Literatura") nos *English Institute Essays, 1947 (Ensaios do Instituto Inglês), 1947*. Ed. por D. A. Robertson. Nova York. pp. 3-22.

_____. (1949). *Quest for Myth (A Busca do Mito)*, Baton Rouge.

_____. (1957). *The American Novel and its Tradition (A Novela Americana e sua Tradição)*. Londres. Apêndice 2: O Romance, a Imaginação Popular e a Crítica do Mito.

COHEN, Percy S. (1969). "Theories of Myth" ("Teorias do Mito"), *Man*, n. s., iv, pp. 337-353.

COOKE, J. D. (1927). "Euhemerism: A Mediaeval Interpretation of Classical Paganism" ("Evemerismo: Uma Interpretação Medieval do Paganismo Clássico"), *Speculum*, ii, pp. 396-410.

CUNNINGHAM, Adrian (ed.) (1974). *The Theory of Myth (A Teoria do Mito)*. Seis Estudos. Londres.

CURRY, Walter C. (1923). "Astrologising the Gods" ("Astrologizando os Deuses"), *Anglia*, xlvii, pp. 213-243.

DAICHES, David (1968). *More Literary Essays (Mais Ensaios Literários)*. Londres. pp. 1-18: Mito, Metáfora e Poesia.

DALZIEL, Margaret (ed.) (1967). *Myth and the Modern Imagination (O Mito e a Imaginação Moderna)*. Dunedin, Nova Zelândia.

DICKINSON, Hugh (1969). *Myth on the Modern Stage (O Mito no Palco Moderno)*. Urbana.

DONNO, Elizabeth Story (ed. & introd.) (1963). *Elizabethan Minor Epics (As Epopéias Elisabetanas Menores)*. Londres.

DOUGLAS, W. W. (1952-1953). "The Meanings of 'Myth' in Modern Criticism" ("Os Significados de 'Mito' na Crítica Moderna"), *Modern Philology (Filologia Moderna)*, 1, pp. 232-242.

EISENSTEIN, Samuel A. (1968). "Literature and Myth" ("Literatura e Mito"), *College English (Inglês na Universidade)*, xxix, pp. 369-373.

ELIADE, Mircea (1954). *The Myth of the Eternal Return (O Mito do Eterno Retorno)*. Tradução de W. R. Trask. Nova York.

ELIOT, T. S. (1923). "*Ulysses*, Order and Myth" ("*Ulisses*, Ordem e Mito"), reproduzido em *The Modern Tradition (A Tradição Moderna)*, Ellmann & Feidelson, pp. 679-681.

ELLMANN, Richard & FEIDELSON, Charles T. (eds.) (1965). *The Modern Tradition (A Tradição Moderna)*. Os fundamentos da literatura moderna. Nova York. Seção 6: Mito.

EVANS-PRITCHARD, E. E. (1965). *Theories of Primitive Religion (Teorias da Religião Primitiva)*. Oxford.

FARNELL, L. R. (1919-1920). "The Value and Methods of Mythologic Study" ("O Valor e os Métodos do Estudo Mitológico"), *Proceedings of the British Academy (Atas da Academia Britânica)*, ix, pp. 37-51.

FEDER, Lillian (1971). *Ancient Myth in Modern Poetry (O Mito da Antigüidade na Poesia Moderna)*. Princeton.

FELDMAN, Burton & RICHARDSON, Robert D. (eds.) (1972). *The Rise of Modern Mythology, 1680-1860 (A Ascensão da Mitologia Moderna, 1680-1860)*. Bloomington. Uma antologia crítica com bibliografias inestimáveis.

FERGUSON, Francis (1956). " 'Myth' and the Literary Scruple" ("O 'Mito' e o Escrúpulo Literário"). *Sewanee Review (Revista Sewanee)*, lxiv, pp. 171-185.

FIEDLER, Leslie (1952). "Archetype and Signature: A Study of the Relationship between Biography and Poetry" ("Arquétipo e Assinatura: Um Estudo da Relação entre a Biografia e a Poesia"), *Sewanee Review (Revista Sewanee)*, lx, pp. 253-273.

FONTENELLE, Bernard (1972). "Of the Origin of Fables [1724]" ("Da Origem das Fábulas [1724]"), em *The Rise of Modern Mythology, 1680-1860 (A Ascensão da Mitologia Moderna, 1680-1860)*, Feldman & Richardson, pp. 10-18.

FONTENROSE, Joseph E. (1971). *The Ritual Theory of Myth (A Teoria Ritual do Mito)*. Berkeley.

FOSTER, Genevieve W. (1945). "The Archetypal Imagery of T. S. Eliot" ("As Imagens Arquetípicas de T. S. Eliot"), *PMLA*, lx, pp. 567-585.

FRANKFORT, Henri (1958). "Three Lectures I. The Dying God II. Heresy in a Theocratic State III. The Archetype in Analytical Psychology and the History of Religion" ("Três Palestras I. O Deus Moribundo II. Heresia num Estado Teocrático III. O Arquétipo na Psicologia Analítica e a História da Religião"), *Journal of the Warburg and Courtauld Institutes* (*Revista dos Institutos Warburg e Courtauld*), xxi, pp. 141-178.

FRANKLIN, Howard B. (1963). *The Wake of the Gods* (*O Despertar dos Deuses*). Mitologia de Melville. Stanford.

FRAZER, J. G. (1911-1915). *The Golden Bough* (*O Ramo de Ouro*). Um estudo da magia e da religião. 3ª. ed. Londres. 12 volumes.

_____ (ed. e trad.) (1921). *Apollodorus: the Library* (*Apolodoro: a Biblioteca*). Londres & Nova York. 2 volumes.

FREUD, Sigmund (1953-1964). *Complete Psychological Works* (*Obras Psicológicas Completas*). Tradução de James Strachey et. al. Londres. 24 volumes [*CPW*].

FRYE, Northrop (1951). "The Archetypes of Literature" ("Os Arquétipos da Literatura"), *Kenyon Review* (*Revista Kenyon*), xiii, pp. 92-110.

_____ . (1957). *Anatomy of Criticism* (*Anatomia da Crítica*). Quatro ensaios. Princeton.

_____ . (Verão de 1961). "Myth, Fiction and Displacement" ("'Mito, Ficção e Deslocamento"). *Daedalus*, pp. 587-605.

_____ . (1963). *Fables of Identity* (*Fábulas de Identidade*). Estudos sobre mitologia poética. Nova York.

_____ . (1968). "Literature and Myth" ("A Literatura e o Mito") em *Relations of Literary Study* (*Relações de Estudo Literário*). Ed. James Thorpe. Nova York. pp. 27-55.

_____ . (1969). "'Mythos and Logos", *Yearbook of Comparative and General Literature* (Anuário de Literatura Comparada e Geral), n. 18, pp. 5-18.

FULGENTIUS (1971). *Fulgentius the Mythographer* (*Fulgentius o Mitógrafo*). Tradução e Introdução Leslie George Whitbread. Columbus, Ohio.

GALINSKY, G. Karl (1972). *The Herakles Theme* (*O Tema de Hércules*). As adaptações do Herói na literatura, de Homero até o século XX. Oxford.

GARNER, Barbara Carman (1970). "Francis Bacon, Natalis Comes and the Mythological Tradition" ("'Francis Bacon, Natalis Comes e a Tradição Mitológica"), *Journal of the Warburg and Courtauld Institutes* (*Revista dos Institutos Warburg e Courtauld*), xxxiii, pp. 264-291.

GOLDING, Arthur (tradutor) (1961). *Shakespeare's Ovid* (*O Ovídio de Shakespeare*). Sendo a tradução das *Metamorphoses* (*Metamorfoses*) feita por Arthur Golding. Ed. W. H. D. Rouse. Londres.

GOMBRICH, E. H. (1945). "Botticelli's Mythologies: a Study of the Neoplatonic Symbolism of his Circle" ("As Mitologias de Botticelli: um

Estudo do Simbolismo Neoplatônico do seu Círculo"), *Journal of the Warburg and Courtauld Institutes* (*Revista dos Institutos Warburg e Courtauld*), viii, pp. 7-60.

GOTTFRIED, R. B. (1968). "Our New Poet: Archetypal Criticism and *The Faerie Queene*" ("O Nosso Novo Poeta: Crítica Arquetípica e *A Rainha das Fadas*"), *PMLA*, lxxxiii, pp. 1362-1377.

GRANT, Michael (1971). *Roman Myths* (*Mitos Romanos*). Londres.

GRAVES, Robert (1951-1952). "The Language of Myth, Addenda to *The White Goddess*" ("A Linguagem do Mito, Adenda para *A Deusa Branca*"), *Hudson Review* (*Revista Hudson*), iv, pp. 5-21.

────────── . (1955). *The Greek Myths* (*Os Mitos Gregos*), Harmondsworth. 2 volumes.

────────── . (1961). *The White Goddess* (*A Rainha Branca*). Uma gramática histórica do mito poético. Londres.

GREENLAW, Edwin (1932). *Studies in Spenser's Historical Allegory* (*Estudos sobre a Alegoria Histórica de Spenser*). Baltimore.

GRESSETH, Gerald K. (1969). "Linguistics and Myth Theory" ("Lingüística e Teoria do Mito"), *Western Folklore* (*Folclore Ocidental*), xxviii, pp. 153-162.

HARRISON, Jane (1912). *Themis*. Um estudo das origens sociais da religião grega. Com um excurso sobre as formas rituais preservadas na tragédia grega, pelo Professor Gilbert Murray, e um capítulo sobre a origem dos Jogos Olímpicos, por F. M. Cornford. Cambridge.

────────── . (1913). *Ancient Art and Ritual* (*Arte e Ritual na Antigüidade*). Londres.

HARRISON, John S. (1924). "Pater, Heine and the Old Gods of Greece" ("'Pater, Heine e os Velhos Deuses da Grécia"), *PMLA*, xxxix, pp. 655-686.

HARTMAN, Geoffrey H. (1968). "False Themes and Gentle Minds" ("Temas Falsos e Mentes Nobres"), *Philological Quarterly* (*Publicação Filológica Trimestral*), xlvii, pp. 55-68.

HASSAN, Ihab H. (1952). "Towards a Method in Myth" ("Para um Método no Mito"), *Journal of American Folklore* (*Revista do Folclore Americano*), lxv, pp. 205-215.

HELD, Julius S. (1961). "Flora, Goddess and Courtesan" ("Flora, Deusa e Cortesã") em *De Artibus Opuscula XL Essays in Honor of Erwin Panofsky* (XL Ensaios em Honra de Erwin Panofsky). Ed. Millard Meiss. Nova York. Vol. 1, pp. 201-218.

HENINGER, S. K. (1959-1960). "A Jungian Reading of 'Kubla Khan' " ("Uma Interpretação Jungiana do 'Kubla Khan' "). *Journal of Aesthetics and Art Criticism* (*Revista de Estética e Crítica de Arte*), xviii, pp. 358-367.

HERD, E. W. (1969). "Myth Criticism: Limitations and Possibilities" ("A Crítica do Mito: Limitações e Possibilidades"), *Mosaic* (*Mosaico*), ii, pp. 69-77.

HERNADI, Paul (1972). *Beyond Genre* (*Além do Gênero*). Novas direções na classificação literária. Ithaca & Londres. pp. 131-151: Northrop Frye.

HERSKOVITS, Melville J. & FRANCES, S. (1958). *Dahomean Narrative* (*A Narrativa Daomeana*). Uma análise cultural cruzada. Evanston. pp. 81-122: Uma maneira cultural cruzada de estudar o mito.

HOFFMAN, Daniel (1967). *Barbarous Knowledge* (*Conhecimento Bárbaro*). O Mito na Poesia de Yeats, Graves e Muir. Nova York.

HOLLOWAY, John (1960). "The Concept of Myth in Literature" ("O Conceito do Mito na Literatura"), em *Metaphor and Symbol* (*Metáfora e Símbolo*). Ed. L. C. Knights & Basil Cottle. Londres. pp. 120-132.

HOLTAN, Orley I. (1970). *Mythic Patterns in Ibsen's Last Plays* (*Os Modelos Míticos nas Últimas Peças de Ibsen*). Minneapolis.

HOUGH, Graham (1966). *An Essay on Criticism* (*Um Ensaio sobre a Crítica*). Londres. Capítulo 20-21: Mito e arquétipo.

HUGHES, M. Y. (1967). "Devils to Adore for Deities" ("Demônios para Adorar enquanto Deidades"), em *Studies in Honour of DeWitt T. Starnes* (*Estudos em Honra de DeWitt T. Starnes*). Ed. Thomas P. Harrison et. al. Austin. pp. 241-258.

HUNGERFORD, Edward (1941). *Shores of Darkness* (*Margens de Escuridão*). Nova York. pp. 62-91: Mitologia especulativa.

HYMAN, Stanley Edgar (1949). "Myth, Rituals and Nonsense" ("Mitos, Rituais e Contra-sensos"), *Kenyon Review* (*Revista Kenyon*), xi, pp. 455-475.

_____ . (1958). "The Ritual View of Myth and the Mythic" ("O Aspecto Ritual do Mito e do Mítico"), em *Myth* (*Mito*), Sebeok, pp. 84-94.

IRWIN, W. R. (1961). "The Survival of Pan" ("A Sobrevivência de Pã"), *PMLA*, lxxvi, pp. 159-167.

JACOBI, Jolande (1959). *Complex / Archetype / Symbol in the Psychology of C. G. Jung* (*O Complexo / O Arquétipo / O Símbolo na Psicologia de C. G. Jung*). Tradução de Ralph Manheim. Londres. pp. 31-73: Arquétipo.

JAKOBSON, Roman & LÉVI-STRAUSS, Claude (1962). " 'Les Chats' de Charles Baudelaire" (" 'Os Gatos' de Charles Baudelaire"), *L'Homme* (*O Homem*), ii, pp. 5-21. Tradução de Katie Furness-Lane em *Structuralism* (*Estruturalismo*). Uma cartilha. Ed. & introd. Michael Lane (1970). Londres. pp. 202-221.

JAMES, E. O. (1957). "The Nature and Function of Myth" ("A Natureza e a Função do Mito"), *Folk-Lore*, lxviii, pp. 474-482.

JUNG, C. G. (1953-). *Collected Works (Obras Reunidas)*. Ed. Herbert Read *et. al.* Londres. 18 volumes [*CW*].

KERMODE, Frank (1962). *Puzzles and Epiphanies (Enigmas e Epifanias)*. Londres. pp. 35-39: A aposta no mito.

KIRK, Geoffrey S. (1970). *Myth (O Mito)*. O seu significado e as suas funções nas culturas da Antiguidade e em outras culturas. Berkeley.

―――――― . (1972). "Aetiology, Ritual, Charter: Three Equivocal Terms in the Study of Myths" ("Etiologia, Ritual, Privilégio: Três Termos Equívocos no Estudo dos Mitos"). *Yale Classical Studies (Estudos Clássicos de Yale)*, xxii, pp. 83-102.

KISSANE, James (1962-1963). "Victorian Mythology" ("Mitologia Vitoriana"), *Victorian Studies (Estudos Vitorianos)*, vi, pp. 5-28.

KLUCKHOHN, Clyde (1942). "Myths and Rituals: a General Theory" ("Mitos e Ritos: uma Teoria Geral"), *Harvard Theological Review (Revista Teológica de Harvard)*, xxxv, pp. 45-79.

KOCKER, Robert P. (1965). "Toward a Definition of Myth in Literature" ("Para uma Definição do Mito na Literatura"), *Thoth*, v, pp. 3-21.

KOGAN, P. (1970). "The Fascist Premises of Archetypal Criticism" ("As Premissas Fascistas da Crítica Arquetípica"), *Literature and Ideology (Literatura e Ideologia)*, n. 6, pp. 17-30.

KRIEGER, Murray (ed.) (1966). *Northrop Frye in Modern Criticism* (Northrop Frye na Crítica Moderna). Trabalhos Selecionados do Instituto Inglês. Nova York.

KUHN, Albert J. (1956). "English Deism and the Development of Mythological Syncretism" ("O Deísmo Inglês e o Desenvolvimento do Sincretismo Mitológico"), *PMLA*, lxxi, pp. 1094-1116.

LANE, Lauriat (1954-1955). "The Literary Archetype: Some Reconsiderations" ("O Arquétipo Literário: Algumas Reconsiderações"), *Journal of Aesthetics and Art Criticism (Revista de Estética e Crítica de Arte)*, xiii, pp. 226-232.

LANGBAUM, Robert (1966). "'Browning and the Question of Myth" ("Browing e a Questão do Mito"), *PMLA*, lxxxi, pp. 575-584.

LAW, Helen H. (1955). *Bibliography of Greek Myth in English Poetry (Bibliografia do Mito Grego na Poesia Inglesa)*. Folcroft.

LEACH, Edmund (ed. & introd.) (1967). *The Structural Study of Myth and Totemism (O Estudo Estrutural do Mito e do Totemismo)*. Londres.

―――――― . (1969). *Genesis as Myth (A Gênese como Mito)* e outros ensaios. Londres.

―――――― . (1970). *Lévi-Strauss*. Londres.

LEMMI, C. W. (1933). *The Classic Deities in Bacon* (*As Deidades Clássicas em Bacon*). Um estudo do simbolismo mitológico. Baltimore.

LESSA, William (1956). "Oedipus-type Tales in Oceania" ("Relatos do Tipo Édipo na Oceania"), *Journal of American Folklore* (*Revista do Folclore Americano*), lxix, pp. 63-73.

LEVIN, Harry (1960). "Some Meanings of Myth" ("Alguns Significados do Mito"), em *Myth and Mythmaking* (*O Mito e a Criação de Mitos*). Murray, pp. 223-231.

_____ . (1970). *The Myth of the Golden Age in the Renaissance* (*O Mito da Idade de Ouro no Renascimento*). Londres.

LÉVI-STRAUSS, Claude (1963). "The Structural Study of Myth" ("O Estudo Estrutural do Mito"), em *Myth* (*Mito*). Sebeok, pp. 50-66. Rev. & repr. em *Structural Anthropology* (*Antropologia Estrutural*). Nova York. pp. 206-231.

LEWIS, C. S. (1961). *An Experiment in Criticism* (*Um Experimento em Crítica*). Cambridge. pp. 40-49: Sobre o Mito.

LOTSPEICH, H. G. (1932). *Classical Mythology in the Poetry of Edmund Spenser* (*A Mitologia Clássica na Poesia de Edmund Spenser*). Princeton.

LYDENBERG, John (1952-1953). "Nature Myth in Faulkner's *The Bear*" ("O Mito da Natureza em *O Urso* de Faulkner"), *American Literature* (*Literatura Americana*), xxiv, pp. 62-72.

MACCAFFREY, Isabel Gamble (1959). *Paradise Lost as "Myth"* (*O Paraíso Perdido como "Mito"*). Cambridge, Massachusetts.

MALINOWSKI, Bronislaw (1926). *Myth in Primitive Psychology* (*O Mito na Psicologia Primitiva*). Londres.

MANUEL, Frank E. (1959). *The Eighteenth Century Confronts the Gods* (*O Século Dezoito Enfrenta os Deuses*). Cambridge, Mass.

_____ . (1963). *Isaac Newton Historian* (*Isaac Newton Historiador*). Cambridge, Mass. Cap. 7: A Pragmatização do Mito da Antiguidade.

MARANDA, Pierre (ed.) (1972). *Mythology* (*Mitologia*). Leituras selecionadas. Harmondsworth.

MARLOW, A. N. (1961). "Myth and Ritual in Early Greece" ("O Mito e o Ritual na Grécia Antiga"), *John Rylands Library Bulletin* (*Jornal da Biblioteca John Rylands*), xliii, pp. 373-402.

MARTIN, P. W. (1955). *Experiment in Depth* (*Experimento em Profundidade*). Um Estudo das obras de Jung, Eliot e Toynbee. Londres. Cap. 5: Imagens e Temas Arquetípicos.

MAURON, Charles (1963). *Des Métaphores Obsédantes au Mythe Personnel* (*Das Metáforas Obsessivas ao Mito Pessoal*), Paris.

MERIVALE, Patricia (1969). *Pan the Goat-God* (*Pã o Deus Cabra*). O seu mito nos tempos modernos. Cambridge, Mass.

MOORMAN, Charles (1956). "Myth and Medieval Literature: *Sir Gawain and the Green Knight*" ("O Mito e a Literatura Medieval: *Sir Gawain e o Cavaleiro Verde*"), *Medieval Studies* (*Estudos Medievais*), xviii, pp. 158-172.

_____ . (1960). *Arthurian Triptych* (*Tríptico Arturiano*). Textos Míticos em Charles Williams, C. S. Lewis e T. S. Eliot. Berkeley.

MÜLLER, F. Max (1880). *Lectures on the Science of Language* (Conferências sobre a Ciência da Linguagem), 6ª edição, Londres.

_____ , F. Max (1881). "Comparative Mythology [1856]" ("Mitologia Comparada [1856]") reproduzido em *Selected Essays on Language, Mythology and Religion* (*Ensaios Escolhidos sobre Linguagem, Mitologia e Religião*), Londres. vol. 1, pp. 229-451.

MUNZ, Peter (1956). "History and Myth" ("História e Mito"), *Philosophical Quarterly* (*Revista Filosófica Trimestral*), vi, pp. 1-16.

_____ . (1973). *When the Golden Bough Breaks* (*Quando o Ramo de Ouro Quebra*). Estruturalismo ou Tipologia? Londres.

MURRAY, Henry A. (ed.) (1960). *Myth and Mythmaking* (*Mito e Criação de Mitos*), Nova York.

OLSON, Paul A. (ed.) (1968). *The Uses of Myth* (*Os Usos do Mito*). Trabalhos relativos ao seminário anglo-americano sobre o ensino de língua inglesa na Universidade de Dartmouth, New Hampshire, 1966, Champaign, Illinois.

ONG, Walter J. (1967). *In the Human Grain* (*No Caráter Humano*). Penetrantes explorações sobre a cultura contemporânea, Nova York & Londres, pp. 99-126: evolução, mito e visão poética.

ORGEL, Stephen (ed. e introd.) (1976). *The Renaissance and the Gods* (*A Renascença e os Deuses*). Uma coleção inclusiva de mitografias, iconologias e iconografias do Renascimento, com uma seleção de obras do Iluminismo. Nova York. 55 volumes.

OSTENDORF, Bernhard (1971). *Der Mythos in der Neuen Welt* (*O Mito no Mundo Novo*). Uma continuação da "Crítica do Mito" americana. Frankfurt am Main. Resumo em inglês em *English and American Studies in German* (*Estudos Ingleses e Americanos em Alemão*). Ed. Werner Habicht (1972). Tübingen. pp. 178-180.

PATRIDES, C. A. (1965). "The Cessation of the Oracles: the History of a Legend" ("A Cessação dos Oráculos: a História de uma Legenda"), *Modern Language Review* (*Revista da Linguagem Moderna*), lx, pp. 500-507.

PIKE, Kenneth L. (1954). *Language in Relation to a Unified Theory of the Structure of Human Behavior* (*A Linguagem em Relação a uma Teoria Unificada da Estrutura do Comportamento Humano*). 1ª Parte. Glendale, Califórnia.

PORTER, J. R. (1962). "Samson's Riddle: Judges 14: 14, 18" ("O Enigma de Sansão: Juízes 14: 14, 18"), *Journal of Theological Studies (Revista de Estudos Teológicos)*, xiii, pp. 106-109.

PORTER, Thomas E. (1969). *Myth and Modern American Drama (O Mito e o Drama Norte-americano Moderno)*. Detroit.

PRESCOTT, Frederick Clarke (1927). *Poetry and Myth (Poesia e Mito)*. Nova York.

RAGLAN, Fitzroy Richard Somerset (1936). *The Hero (O Herói)*. Um estudo sobre a tradição, o mito e o drama. Londres.

RAHV, Philip (1953). "The Myth and the Powerhouse" ("O Mito e a Casa das Máquinas"), *Partisan Review (Revista Partidária)*, xx, pp. 635-648.

READ, Herbert (1938). "Myth, Dream and Poem" ("Mito, Sonho e Poema"), *transição*, xxvii, pp. 176-192.

REINHOLD, Meyer (1973). *Past and Present (Passado e Presente)*. A continuidade dos mitos clássicos. Toronto.

RIFFATERRE, Michael (1966). "Describing Poetic Structures: Two Approaches to Baudelaire's 'Les Chats' " ("Descrevendo Estruturas Poéticas: Duas Abordagens de 'Os Gatos' de Baudelaire"), *Yale French Studies (Estudos Franceses de Yale)*, ns. 36-37, pp. 200-242.

RIGHTER, William (1972-1973). "Myth and Interpretation" ("Mito e Interpretação"), *New Literary History (Nova História Literária)*, iii, pp. 319-344.

_____ . (1975). *Myth and Literature (Mito e Literatura)*. Londres.

ROSENFIELD, Claire (1968). *Paradise of Snakes (Paraíso de Serpentes)*. Uma análise arquetípica das novelas políticas de Conrad. Chicago & Londres.

ROSSI, Paolo (1968). *Francis Bacon* – Da Magia à Ciência. Traduzido por Sacha Rabinovitch. Londres. Cap. 3: A Fábula Clássica.

SANDMANN, Manfred (1966). "Percival Disguised" ("Percival Disfarçado") em *Proceedings of the IVth. Congress of the International Comparative Literature Association (Atas do 4º Congresso da Associação Internacional de Literatura Comparada)*. Ed. François Jost. Haia e Paris. Vol. 2, pp. 897-904.

SANDYS, George (1632). *Ovid's Metamorphosis (A Metamorfose de Ovídio)*. Traduzido para o inglês, mitologizado e ilustrado com figuras. Oxford. Ed. Karl K. Hulley & Stanley T. Vandersall (1970), Lincoln.

SCHLEGEL, Friedrich (1968). "Talk on Mythology [1800]" ("Palestra sobre Mitologia [1800]"), em *Dialogue on Poetry and Literary Aphorisms (Diálogo sobre Poesia e Aforismos Literários)*. Tradução, introdução & anotações por Ernst Behler & Roman Struc. University Park & Londres.

SCHROETER, James (1967-1968). "*Redburn* and the Failure of Mythic Criticism" ("*Redburn* e o Fracasso da Crítica do Mito"), *American Literature* (*Literatura Norte-americana*), xxxix, pp. 279-297.

SCOTT, Wilbur S. (ed.) (1962). *Five Approaches of Literary Criticism* (*Cinco Abordagens de Crítica Literária*). Nova York. Seção 5: A Abordagem Arquetípica: a Literatura à Luz do Mito.

SEBEOK, Thomas A. (ed.) (1958). *Myth* (*Mito*). Um simpósio. Bloomington.

SEIDEN, Morton Irving (1962). *William Butler Yeats*. O poeta como fazedor de mitos (1865-1939). East Lansing, Michigan.

SEZNEC, Jean (1953). *The Survival of the Pagan Gods* (*A Sobrevivência dos Deuses Pagãos*). A tradição mitológica e sua posição no humanismo e na arte do Renascimento. Nova York.

SIMONSON, Harold P. (1971). *Strategies in Criticism* (*Estratégias na Crítica*). Nova York. Cap 3: Simbolismo e Mito.

SLOCHOWER, Harry (1970). *Mythopoesis* (*Mitopoese*). Modelos míticos nos clássicos da literatura. Detroit.

SNYDER, Edward (1923). *The Celtic Revival in English Literature, 1760-1800* (*A Revivificação Céltica na Literatura Inglesa, 1760-1800*). Cambridge, Mass.

STANFORD, William Bedell (1954). *The Ulysses Theme* (*O Tema de Ulisses*). Um estudo sobre a adaptabilidade de um herói tradicional. Oxford.

STARNES, DeWitt T. & TALBERT, Ernest William (1955). *Classical Myth and Legend in Renaissance Dictionaries* (*O Mito Clássico e a Legenda nos Dicionários do Renascimento*). Chapel Hill.

STAUFFER, Donald A. (1948). "The Modern Myth of the Modern Myth" ("O Mito Moderno do Mito Moderno"), em *English Institute Essays* (*Ensaios do Instituto Inglês*), 1947. Ed. D. A. Robertson. Nova York.

STEADMAN, John M. (1972). "Renaissance Dictionaries and Manuals as Instruments of Literary Scholarship: the Problem of Evidence" ("Os Dicionários e os Manuais do Renascimento como Instrumentos do Conhecimento Literário: o Problema da Evidência"), em *New Aspects of Lexicography* (*Novos Aspectos da Lexicografia*). Ed. Howard D. Weinbrot. Londres & Amsterdam. pp. 17-35.

SYMONDS, John Addington (1890). *Essays Speculative and Suggestive* (*Ensaios Especulativos e Sugestivos*). Londres. Vol. 2, pp. 126-149: Mitos e Alegorias sobre a Natureza.

THOMPSON, Stith (1958). "Myths and Folktales" ("Mitos e Contos Populares"), em *Myth* (*Mito*). Sebeok, pp. 104-110.

TILLYARD, E. M. W. (1961). *Some Mythical Elements in English Literature* (*Alguns Elementos Míticos na Literatura Inglesa*). Londres.

TINDALL, William York (1947). *Forces in Modern British Literature, 1885-1946* (*Forças na Literatura Britânica Moderna, 1885-1946*). Nova York. Cap. 9: O Inconsciente.

TODD, Ruthven (1946). *Tracks in the Snow* (*Rastos na Neve*). Estudos sobre ciência e arte inglesa. Londres. pp. 29-60: William Blake e os Mitólogos do Século Dezoito.

TRICKETT, Rachel (1953). "The Augustan Pantheon: Mythology and Personification in Eighteenth-century Poetry" ("O Panteão Augustano: Mitologia e Personificação na Poesia do Século Dezoito"), em *Essays and Studies* (*Ensaios e Estudos*), 1953. Londres. pp. 71-86.

TROUSSON, Raymond (1964). *Le Thème de Prométhée dans la Littérature Européenne* (*O Tema de Prometeu na Literatura Européia*). Genebra. 2 volumes.

TUDOR, Henry (1973). *Political Myth* (*O Mito Político*). Londres.

TYLOR, E. B. (1873 [1871]). *Primitive Culture* (*Cultura Primitiva*). Pesquisas no desenvolvimento da mitologia, filosofia, religião, linguagem, arte e costumes. Segunda edição. Londres. 2 volumes.

UTLEY, Francis Lee (1960). "Folklore, Myth and Ritual" ("Folclore, Mito e Rito"), em *Critical Approaches to Medieval Literature* (*Tentativas Críticas de Aproximação à Literatura Medieval*). Ed. Dorothy Bethurum. Nova York. pp. 83-109.

VICKERS, Brian (1973). *Towards Greek Tragedy* (*Rumo à Tragédia Grega*). Drama, mito, sociedade. Londres. 2ª Parte: Tragédia e Mito.

VICKERY, John B. (ed.) (1966). *Myth and Literature* (*Mito e Literarura*). Teoria e prática contemporâneas. Lincoln.

_____. (1972). *Robert Graves and the White Goddess* (*Robert Graves e a Deusa Branca*). Lincoln.

_____. (1973). *The Literary Impact of the "Golden Bough"* (*O Impacto Literário de "O Ramo de Ouro"*). Princeton.

VICKERY, John B. & J'NAN, M. Sellery (eds.) (1972). *The Scapegoat* (*O Bode Expiatório*). Rito e literatura. Boston.

VICO, Giambattista (1948). *The New Science* (*A Nova Ciência*). Tradução da 3ª edição (1744) por Thomas Goddard Bergin e Max Harold Fisch. Ithaca.

VITALIANO, Dorothy B. (1973). *Legends of the Earth* (*Legendas da Terra*). As suas origens geológicas. Bloomington & Londres.

VIVAS, Eliseo (1970). "Myth: Some Philosophical Problems" ("O Mito: Alguns Problemas Filosóficos"), *Southern Review* (*Revista do Sul*), vi, pp. 89-103.

VON ABELE, Rudolph (1954). "*Ulysses*: the Myth of Myth" ("*Ulisses*: o Mito do Mito"), *PMLA*, lxix, pp. 358-364.

VRIES, Jan De (1967). *The Study of Religion* (*O Estudo da Religião*). Uma abordagem histórica. Tradução e introdução por Kees W. Bolle. Nova York. Cap. 12: "Teorias sobre 'Mitos da Natureza' ".

WATT, Ian (1951). "*Robinson Crusoe* as Myth" ("*Robinson Crusoe* como Mito"), *Ensaios em Crítica*, i, pp. 95-119.

WEISINGER, Herbert (1964). *The Agony and the Triumph* (*A Agonia e o Triunfo*). Trabalhos sobre os usos e abusos do mito. East Lansing.

WEST, Paul (inverno de 1961). " 'Myth Criticism' as a Humane Discipline" ("A 'Crítica do Mito' como Disciplina Humana"), *Wiseman Review* (*Revista do Sábio*), n. 490, pp. 363-374.

WHEELWRIGHT, Philip (1968 [1954]). *The Burning Fountain* (*A Fonte Ardente*). Um estudo sobre a linguagem do simbolismo. Nova edição revisada. Bloomington.

_____ . (1968). "The Archetypal Symbol" ("O Símbolo Arquetípico"), em *Perspectives in Literary Symbolism* (*Perspectivas no Simbolismo Literário*). Ed. Joseph Strelka. University Park & Londres. pp. 214-243.

WHITE, John J. (1972). *Mythology in the Modern Novel* (*A Mitologia no Romance Moderno*). Um estudo sobre técnicas pré-figurativas. Princeton.

WILLSON, A. Leslie (1964). *A Mythical Image* (*Uma Imagem Mítica*). O Ideal da Índia no Romantismo Alemão. Durham. pp. 93-110: Os mitólogos.

WILSON, E. C. (1939). *England's Eliza* (*Eliza da Inglaterra*). Cambridge, Mass.

WIMSATT, W. K. (1966). "Northrop Frye: Criticism as Myth" ("Northrop Frye: A Crítica como Mito"), em *Northrop Frye in Modern Criticism* (*Northrop Frye na Crítica Moderna*), Krieger, pp. 75-107.

WIMSATT, W. K. & BROOKS, Cleanth (1957). *Literary Criticism* (*Crítica Literária*). Nova York. Cap. 31: Mito e arquétipo.

ZWERDLING, Alex (1964). "The Mythographers and the Romantic Revival of Greek Myth" ("Os Mitógrafos e a Revivificação Romântica do Mito Grego"), *PMLA*, lxxix, pp. 447-456.

Este livro foi impresso na cidade de Cotia,
nas oficinas da Meta Brasil,
para a Editora Perspectiva